BIBLIOTHÈQUE D'ARCHÉOLOGIE AFRICAINE
PUBLIÉE SOUS LES AUSPICES
DU MINISTÈRE DE L'INSTRUCTION PUBLIQUE ET DES BEAUX-ARTS

FASCICULE VII

ENQUÊTE ADMINISTRATIVE
SUR
LES TRAVAUX HYDRAULIQUES ANCIENS EN ALGÉRIE

PUBLIÉE PAR LES SOINS
DE

M. STÉPHANE GSELL
PROFESSEUR À L'ÉCOLE DES LETTRES D'ALGER

PARIS
IMPRIMERIE NATIONALE

ERNEST LEROUX, ÉDITEUR, RUE BONAPARTE, 28

MDCCCCII

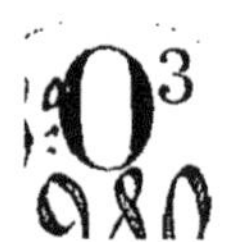

BIBLIOTHÈQUE D'ARCHÉOLOGIE AFRICAINE

PUBLIÉE SOUS LES AUSPICES

DU MINISTÈRE DE L'INSTRUCTION PUBLIQUE ET DES BEAUX-ARTS

FASCICULE VII

ENQUÊTE ADMINISTRATIVE

SUR

LES TRAVAUX HYDRAULIQUES ANCIENS EN ALGÉRIE

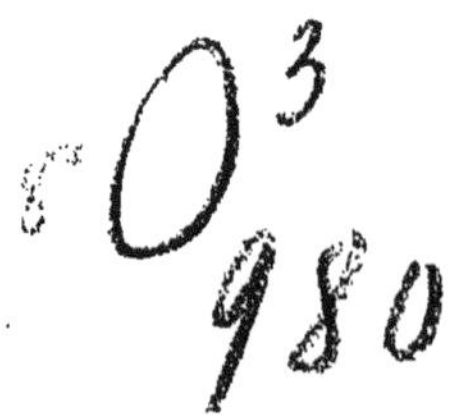

ENQUÊTE ADMINISTRATIVE

SUR

LES TRAVAUX HYDRAULIQUES ANCIENS EN ALGÉRIE

PUBLIÉE PAR LES SOINS

DE

M. STÉPHANE GSELL

PROFESSEUR À L'ÉCOLE DES LETTRES D'ALGER

PARIS

IMPRIMERIE NATIONALE

ERNEST LEROUX, ÉDITEUR, RUE BONAPARTE, 28

MDCCCCII

ENQUÊTE ADMINISTRATIVE

SUR

LES TRAVAUX HYDRAULIQUES ANCIENS

EN ALGÉRIE.

PRÉFACE.

Un mémoire de Du Coudray la Blanchère, publié en 1895 [1], avait attiré l'attention sur les travaux hydrauliques des anciens dans l'Afrique du Nord, en particulier sur ceux qui ont eu une destination agricole, et sur l'intérêt pratique que l'étude de ces ouvrages présente pour la colonisation française [2].

Une enquête sur les installations hydrauliques des Romains en Tunisie fut ouverte en 1896 par ordre de M. Millet, résident général; elle a été poursuivie activement depuis cette époque. Les résultats en sont consignés dans une publication faite sous la direction de M. Gauckler et dont six fascicules ont paru.

De son côté, M. le Gouverneur général de l'Algérie avait adressé, le 23 janvier 1896, l'instruction suivante aux maires des communes de plein exercice, aux administrateurs des communes mixtes, aux officiers chargés de l'administration des communes indigènes :

INSTRUCTION POUR LA RECHERCHE DES TRAVAUX HYDRAULIQUES ANCIENS EN ALGÉRIE.

Le but de l'enquête est de relever les ouvrages qui ont servi à l'aménagement des eaux courantes, et particulièrement de l'eau agricole. Ceux qui se rapportent à l'eau d'alimentation, spécialement les citernes, sont également intéressants, mais forment une catégorie à part, surtout lorsqu'il s'agit de réservoirs domestiques, établis sous, dans, ou contre

[1] *Nouvelles Archives des Missions*, t. VII, p. 1-109.

[2] Avant La Blanchère, l'utilité de ces recherches avait été déjà signalée par d'autres archéologues, surtout par le commandant Payen et par M. le docteur Carton.

les maisons, et n'ayant pu servir aux usages culturaux. Voici quels sont, en général, les monuments de la première espèce, et quels sont les renseignements qu'il importerait d'avoir à leur sujet :

Systèmes d'aménagement d'ensemble des eaux courantes, s'appliquant soit à un bassin de fleuve, rivière ou ruisseau, soit à plusieurs;

Travaux isolés ne commandant qu'une étendue restreinte de terrain, ou ne répondant qu'à un usage limité;

Levées et digues; barrages; canaux; réservoirs; dérivations de cours d'eau; quais; aqueducs; écluses ou vannes; petits barrages en pierres sèches dans les ravins des montagnes; travaux divers de drainage ou d'irrigation.

D'une manière générale, dans les pays qui ont reçu autrefois un aménagement complet, les ravins des montagnes ou des collines présentent les restes de barrages en pierres sèches, assez peu éloignés les uns des autres, et qui créaient une série de gradins, de paliers étagés, d'une étendue variable. Dans les vallons où ces ravins confluent, d'autres ouvrages, plus importants, se rencontrent presque toujours. Dans la vallée principale, l'oued collecteur de tous ces ruisseaux ou torrents était parfois pourvu d'épis ou de barrages commandant des canaux destinés à l'irrigation ou créant, soit des réservoirs, soit des arrêts pour retarder les crues. Enfin, au débouché en plaine, il y avait, le plus souvent, un dernier barrage considérable, ou tout autre organe analogue, servant à la distribution dernière. Celle-ci se faisait par des canaux, dont les lits, et quelquefois le mécanisme, ont laissé des traces visibles.

Cet aménagement complet est un type, qui n'a évidemment pas été reproduit partout. Mais son application plus ou moins complète, dans des proportions qui vont du grandiose au minuscule, constitue précisément la caractéristique de l'immense travail exécuté par les anciens pour la mise en valeur des campagnes africaines. Il y a là une constatation qui peut être d'un intérêt capital pour le présent et l'avenir de la colonie.

Il n'est généralement pas suffisant de signaler un ouvrage hydraulique; il faut le décrire ou le figurer. Et même, il importe de tâcher d'indiquer sa destination et son fonctionnement, ce que l'observation du terrain rend souvent assez peu difficile. On peut, par exemple, marquer quelle région, quelle étendue de terrain il commandait pour la défense, l'irrigation ou le drainage, d'où il prenait les eaux, où il les envoyait, s'il avait pour objet de les faire changer de bassin, ou simplement d'en régler le cours, etc.

Il n'est pas moins intéressant de relever les vestiges de l'entretien, de la reconstruction, des modifications des ouvrages anciens à l'époque musulmane, et les ouvrages nouveaux créés en certains lieux depuis la chute de l'Empire romain.

Il l'est surtout de donner les détails les plus précis sur la construction des monuments signalés, la nature de leurs matériaux, le style et le faire, l'époque où ils paraissent devoir être approximativement reportés. Les dessins, photographies, vues, plans, levés de toute espèce, même exécutés d'une façon sommaire, inexpérimentée, imparfaite, seront toujours au nombre des documents les plus précieux.

Parmi les réponses envoyées au Gouvernement général, la plupart consistent ou se résument en ce simple mot *Néant*. Mais il faut dire que l'enquête prescrite ne semble pas avoir été faite partout avec le soin et la compétence désirables : ce dont on ne saurait faire un reproche à des personnes en général fort étrangères à l'archéologie et absorbées par leurs nombreux devoirs administratifs.

Nous avons cependant pu extraire une série de notices utiles du dossier relatif à cette enquête, dossier qui nous a été remis il y a quelques mois.

Elles forment la matière du présent fascicule [1]. Nous espérons qu'il ne restera pas isolé. Mais il serait nécessaire que l'enquête instituée en 1896 par M. le Gouverneur général de l'Algérie fût poursuivie avec l'aide d'un homme du métier, d'un ingénieur agronome, qui étudierait d'une manière précise et minutieuse certaines régions où les installations hydrauliques anciennes ont laissé le plus de traces et ont eu le plus d'utilité; par exemple, la vallée du Chélif, le bassin du Hodna, la plaine du Bellezma et les montagnes qui l'entourent, le pays situé au nord de Timgad et de Khenchela, les vallées de l'Aurès.

Dans les notices que nous publions aujourd'hui, on trouvera des renseignements concernant non seulement l'irrigation des terres cultivées, — ce qui était l'objet principal de l'enquête, — mais aussi l'approvisionnement en eau potable des centres de population [2].

Alger, février 1902.

Stéphane Gsell.

[1] Nous avons indiqué les noms des auteurs de ces notices toutes les fois qu'il nous a été possible de déchiffrer leur signature. On sait que les signatures administratives sont généralement illisibles.

[2] Pour les travaux hydrauliques qui se rapportent à l'alimentation des anciens Africains, et surtout des citadins, on pourra consulter le chapitre X du livre II de notre ouvrage sur les *Monuments antiques de l'Algérie*.

I

VESTIGES DE TRAVAUX HYDRAULIQUES DANS LA COMMUNE MIXTE DE REMCHI

(Département d'Oran).

NOTE DE L'ADMINISTRATEUR.

La commune mixte de Remchi ne contient que peu de vestiges de travaux hydrauliques anciens; l'époque romaine n'a, pour ainsi dire, pas laissé de traces à cet égard.

Le cours de la Tafna ne permet de relever aucun ouvrage de la sorte.

Celui de la Sikkak présente au moulin Gérard, douar-commune des Zenata, des restes d'un ancien barrage, mais à peine apparents et consistant en quelques blocs de pisé. Ce barrage, de faible importance, servait à l'alimentation d'un moulin dont on voit aussi quelques traces de murailles. Ces constructions ne peuvent être attribuées qu'aux Arabes et remontent certainement à une époque relativement peu éloignée.

L'Isser seul possède des ouvrages de quelque importance, appartenant à la période musulmane.

Ils consistent en une suite de barrages, disposés pour arroser les terrains des bords de la rivière depuis la ferme européenne d'El Féhoul, située dans le douar-commune de ce nom, jusqu'au confluent de cette rivière avec la Tafna.

1° **Barrage placé en amont d'El Féhoul.** — Ce barrage a été réparé par les propriétaires de la ferme et sert encore à arroser les terrains du domaine. Les vestiges anciens comprennent un fragment de mur d'une épaisseur de 2 mètres sur 25 mètres de longueur dans le lit de la rivière, et un tronçon de canal, soutenu dans la traversée d'une dépression de terrain par un mur de 2 mètres de haut et de 30 mètres de long. Tous ces ouvrages sont bâtis en pisé. Cette digue servait à irriguer la rive gauche de l'Isser sur une étendue d'un millier d'hectares environ, depuis l'emplacement de la ferme jusqu'au lieu dit des Trois Marabouts. Elle alimentait également un moulin distant de 2 kilomètres et dont les ruines sont encore debout. Elle est désignée par les indigènes sous le nom de barrage des Ouled Saïd; le territoire qu'elle arrosait comprend le territoire des douars partiels des Ouled Amrane, Ouled Ben Yahia, Azzaïza et Ouled ben Adjadj.

2° **Second barrage.** — Un second barrage a été construit à 1 kilomètre en aval du premier; il servait à l'irrigation de la rive droite. La surface arrosée devait être de 600 à 700 hectares. Il existe encore dans le lit de l'Isser un mur de 2 mètres d'épaisseur et d'une longueur de 10 à 15 mètres. Des traces de canal s'aperçoivent sur une longueur de 10 mètres, tout près d'un minaret en ruines, le minaret de Sidi el Azz.

Les Arabes attribuent la construction des deux barrages précités à un grand chef arabe, nommé Youcef ben Adjfil, avant la domination turque.

3° **Barrage situé au lieu dit Korsi, douar-commune des Zouata.** — Les vestiges apparents se composent de blocs en pisé de 10 ou 15 mètres de long et de 2 mètres de large. Ce barrage servait à arroser la partie de la plaine située sur la rive droite de l'Isser. On ne voit pas de traces de canaux. La construction daterait de l'époque arabe.

4° **Barrage connu sous le nom de Remacha, douar-commune des Zenata.** — Les ruines consistent en un mur d'une longueur de 15 mètres, d'une épaisseur de 2 mètres, d'une hauteur de 1 m. 50. Cet ouvrage permettait d'arroser la partie de la plaine située sur la rive gauche jusqu'au confluent de la Tafna. Il semble être de la même époque que le précédent,

L'oued Bou Messaoud, dans le douar-commune des Zenata, offre es ruines d'un barrage, connu sous le nom de Dey ben Yarou. Il remonte au temps de la domination turque. Les vestiges de cet ouvrage consistent, dans le lit de la rivière, en un mur de 10 mètres environ de longueur, d'une épaisseur de 2 mètres et d'une hauteur de 1 m. 50. A 1 kilomètre sur la rive droite se trouve un bassin de 12 mètres sur 10 mètres, entièrement comblé de terre. De plus, on remarque, en aval, des traces à peine visibles d'anciens aqueducs qui étaient destinés à transporter les eaux d'une rive à l'autre, de manière à arroser les deux bords de la rivière jusqu'à l'Oued Zitoune.

En dehors de ces ouvrages, je n'ai pas relevé de travaux hydrauliques anciens méritant d'être signalés. On peut citer seulement les restes d'une citerne dans les ruines de l'ancienne ville de *Siga* au bord de la Tafna. Elle paraît avoir été construite pour recevoir les eaux de source provenant des montagnes avoisinantes.

La destruction presque complète des ouvrages que je viens de décrire ne permet pas d'en donner de dessins figuratifs.

II

BARRAGES ANCIENS DANS LA COMMUNE DE PONT-DE-L'ISSER

(Département d'Oran).

NOTE DE M. ICARD, MAIRE.

Il n'existe, sur le territoire de la commune de Pont-de-l'Isser, que deux vestiges de barrages construits par les anciens.

L'un d'eux, situé à 3 kilomètres environ en aval du village de Pont-de-l'Isser, sur la rivière, ne présente plus qu'un mur de 5 mètres de longueur sur la rive droite; la partie de ce barrage qui traversait la rivière et devait aboutir à l'autre rive a disparu; je n'en ai retrouvé aucune trace.

Un second barrage, en meilleur état que le premier, se voit à El Fehoul [1], dans la propriété du Comptoir d'escompte de Tlemcen. M. Fritz Glokner, le premier propriétaire de ce domaine, s'est servi de l'ouvrage ancien, auquel il a ajouté la maçonnerie nécessaire, pour irriguer sa propriété. C'est encore ce même barrage qui assure aujourd'hui l'irrigation d'El Fehoul et détourne l'eau actionnant le moulin de ce domaine.

(1) Voir notice précédente.

III

BARRAGE ET CONDUITES PRÈS DE SAINT-DENIS-DU-SIG

(Département d'Oran).

NOTE DU MAIRE DE SAINT-DENIS-DU-SIG.

Dans l'étranglement formé par les contreforts rocheux du Djebel Touakès et du Hammar Simounet, étroit défilé dans lequel la rivière de la Mékerra s'est frayé un chemin, à quelques mètres en aval du barrage actuel du Sig, on retrouve les ruines d'un mur construit en maçonnerie de moellons bruts et de mortier de chaux grasse et pouzzolane artificielle de briques pilées.

Ce mur, qui arrêtait les eaux de la rivière, la relevait jusqu'à la hauteur de la plaine. Accolée au barrage, existaient, sur la rive gauche, une prise d'eau et, à la suite, un canal encore visible qui venait traverser le Chabat el Maïs sur un aqueduc dont un pied-droit et une partie du chenal maçonné sont encore debout. Cet ouvrage se trouve sur la ligne en pointillé tracée sur la carte d'État-Major, un peu au-dessous de l'aqueduc actuel du canal d'irrigation de la rive gauche (cimetière d'El Bachir). Il devait avoir trois arches; sa section est de 1 m. 50 de large sur 0 m. 60 de hauteur. Le canal se continuait vers le point marqué 73 sur la carte. Là, il se bifurquait. Une partie servait à l'arrosage de la rive gauche; on en suit la trace sur une centaine de mètres environ.

Une autre branche descendait vers la rivière du Sig, qu'elle traversait en un point situé sur la carte entre les mots « M^on^ d'Œilly » et « M^on^ Pech ». Cet aqueduc était, comme longueur, bien plus important que celui du Chabat el Maïs et sa section un peu plus grande : 1 m. 80 sur 0 m. 60. Il a été renversé par les crues de la rivière, ses débris sont encore couchés dans le lit de celle-ci. Il n'est pas possible de savoir de combien d'arches il se composait; il était, comme les autres ouvrages, construit en moellons bruts et mortier de pouzzolane. Sur la rive droite, on distingue sur une longueur de quelques centaines de mètres le dos du canal qui lui faisait suite.

Puis tout vestige disparaît. Peut-être suivait-il à peu près le trace actuel du grand canal d'irrigation de la rive droite.

Les travaux que nous venons de signaler remontent à une époque que nous ne pouvons préciser, mais qui ne paraît pas très ancienne. La maçonnerie n'est certainement pas romaine; de plus, à l'intérieur des maçonneries, saillissent des perches cassées de thuya qui ont servi aux échafaudages et dont le bois n'est pas encore vermoulu.

Quoi qu'il en soit, il résulte de ce qui précède qu'autrefois comme aujourd'hui la plaine du Sig recevait des eaux d'irrigation. Le barrage était un simple barrage de dérivation, et non un barrage réservoir; la zone pouvant être irriguée avait un périmètre sensiblement égal à celui de la zone actuelle.

On peut en inférer que les conditions météorologiques n'ont pas sensiblement varié depuis cette époque. La moyenne annuelle de hauteur d'eau pluviale (actuellement o m. 35) devait être insuffisante pour produire des récoltes assurées, et l'on avait reconnu la nécessité d'y suppléer par les eaux d'irrigation.

IV

BASSINS ANCIENS À PALIKAO

(Département d'Oran).

NOTE DE L'ARCHITECTE COMMUNAL.

Il existe dans la commune de Palikao, sur le canal principal qui part du grand lac, un ouvrage romain, se composant de deux bassins réunis par un dégagement qui devait tenir lieu de vanne.

Ces bassins sont construits en briques rejointoyées par de la terre de tuf tendre. Ils sont renfermés dans une clôture en blocs de tuf. Cet entourage peut faire supposer que l'on se trouve en présence d'un petit établissement de bains.

La brique employée porte des traces digitales; elle est parfaitement cuite.

Il n'y a aucune trace de pierres de taille : celles que les Romains ont employées, pour d'autres constructions non hydrauliques, provenaient des carrières de grès de Medjaref, situées à 24 kilomètres de Palikao.

V

TRAVAUX HYDRAULIQUES ANCIENS

DANS LA COMMUNE MIXTE DE CACHEROU

(Arrondissement de Mascara).

NOTICE DE L'ADMINISTRATION.

1° **Douar-commune de Nesmoth.** — L'aïn Louzet sourd sur le sommet de la montagne qui s'élève à l'ouest du centre de Cacherou et est situé à environ 8 kilomètres de ce village. Cette source, d'un débit important, a été captée par les Romains au moyen d'un barrage dont on voyait encore les restes il y a peu d'années. Les eaux servaient à l'irrigation de terrains étendus et fertiles faisant partie du vaste plateau qui domine au sud la plaine d'Eghris.

De nombreux tumuli existent sur ce point et démontrent que cette région a été très peuplée dans l'antiquité.

L'aïn Louzet a été aménagé il y a sept ou huit ans pour l'alimentation du village de Matemore et les travaux de captage exécutés à l'emplacement même de l'ancien barrage en ont fait disparaître les derniers vestiges.

2° **Douar-commune d'Ahnaïdja.** — Au lieu dit Sidi Ali bou Kerroucha, dans le douar-commune d'Ahnaïdja, où la commission des centres de 1881 avait proposé de créer un village de colonisation, on voit des ruines qui paraissent remonter à l'époque romaine. Elles sont placées sur la rive gauche de la rivière et occupent une superficie de 1 hectare environ. On remarque au même endroit les ruines d'un barrage.

Elles consistent en deux piliers en maçonnerie qui devaient servir d'appuis au barrage sur la rive droite de l'oued. Cet ouvrage avait environ 9 mètres d'épaisseur à sa base; quant à sa hauteur, elle était sans doute assez peu considérable, environ 5 ou 6 mètres, vu la situation des ruines placées en contre-haut de la rivière et le peu d'élévation des berges.

L'oued Sidi Ali bou Kerroucha coule au milieu d'une vallée étroite, où se trouvent d'excellentes terres dont quelques parties assez étendues sont encore cultivées en jardins. On n'y voit point de traces de canaux anciens; ceux qui existent actuellement sont simplement creusés dans le sol et servent à l'irrigation des jardins dont je viens de parler.

3° **Douar-commune des Mhamid.** — Dans le douar-commune des Mhamid, près de la koubba de Sidi Ahmed ben Khedda et non loin des sources de l'oued Medjaref, on trouve les restes d'un barrage, dont la construction paraît remonter à l'époque berbère. Ils consistent en deux blocs de maçonnerie, l'un de 10, l'autre de 5 mètres cubes environ.

Cet ouvrage est voisin du gué où les indigènes passent pour se rendre de Zelemta à Medjaref.

Le canal, d'une grande section, était creusé sur la rive gauche de l'oued. On en suit encore les traces pendant près de 500 mètres. Il se dirigeait d'abord vers une petite plaine située à environ 700 ou 800 mètres du barrage et irriguait sur ce point une cinquantaine d'hectares. L'eau devait sans doute être conduite ensuite sur les terrains qui bordent la rivière jusqu'au point où a été construit le caravansérail de Medjaref, sur la route de Mascara à Fortassa.

Près du barrage (à 400 mètres), sur un plateau qui le domine, apparaissent les ruines d'un centre qui a dû être habité par une population berbère.

Aujourd'hui les indigènes ont creusé tout près de l'ancien barrage et sur la rive droite un canal à l'aide duquel ils arrosent leurs cultures et leurs jardins.

4° **Douar-commune des Chellog.** — A 6 kilomètres environ du village de Fortassa, près de la limite des douars-communes des Chellog et de Oued Haddad, on voit sur la rive gauche de l'oued El Abd les traces d'un canal important. Il a été maçonné pour franchir un passage difficile, formé de rochers à pic; les murs suivent une direction parallèle aux rochers.

Le barrage des anciens (Romains ou Berbères) était situé à 200 mètres en amont de ce passage; mais les murs de cet ouvrage n'existent plus. On distingue cependant sur les berges des restes de maçonnerie.

Pour l'irrigation des terres des colons de Fortassa, le Service des ponts et chaussées a construit tout près des rochers dont il vient d'être parlé, c'est-à-dire à 200 mètres environ de l'ancien barrage, un barrage de dérivation qui verse une partie de l'eau de la rivière dans un canal creusé sur la rive droite.

VI

TRAVAUX HYDRAULIQUES ANCIENS DANS LA COMMUNE MIXTE DE ZEMMORA

(Département d'Oran).

NOTICE DE M. PHILIPPE, ADMINISTRATEUR.

1° **Aqueduc.** — On voit sur les bords de l'oued Anseur des restes de maçonnerie qui paraissent remonter à l'époque romaine et présentent l'aspect d'un aqueduc destiné à conduire les eaux des sources de cet oued dans la direction de Relizane.

Ces restes se retrouvent de distance en distance sous l'aspect de morceaux de murs solidement construits, d'une épaisseur de 0 m. 80 environ, mais ils ne présentent aucun caractère bien déterminé.

L'aqueduc devait suivre une partie du ravin de l'oued Anseur, sur un parcours de 600 à 700 mètres environ, puis, laissant cet oued sur sa droite, il se dirigeait de l'est à l'ouest dans une déclivité de terrain et traversait l'oued Darkaoua, situé à environ 800 ou 900 mètres de son départ de l'oued Anseur. On retrouve, en effet, un reste de maçonnerie analogue, sur une longueur de 15 mètres environ, s'arrêtant dans cet oued. D'autres restes semblables se rencontrent encore à une quinzaine de mètres en aval, sur la rive gauche, ce qui indique que l'ouvrage suivait pendant quelque temps les courbes de l'oued; mais sa trace cesse là.

De l'oued Darkaoua, la conduite devait se diriger, en suivant le niveau du sol, vers l'oued Zemmora. Là, en effet, on la retrouve parfaitement conservée et bien déterminée. Le mur est le même que celui précédemment observé, mais, au-dessus, court une rigole, également en maçonnerie, de 0 m. 20 de largeur sur autant de profondeur Un contrefort soutenait la maçonnerie.

Cet ouvrage suit presque toujours les contours des ravins qu'il traverse. Ainsi, à l'endroit où nous le retrouvons ici, venant de la direction de l'est, il tourne brusquement, se dirigeant vers le nord et il reparaît environ 1 kilomètre plus loin descendant vers le sud pour se diriger ensuite vers l'ouest, c'est-à-dire vers Relizane. On le rencontre encore sur plusieurs points (1).

Il existe dans le pays, au sujet de cette conduite d'eau, une légende très ancienne :

« Une jeune princesse des Silos (aujourd'hui Clinchant) avait excité la passion de deux personnages très puissants dans la contrée. L'un était le propre cousin de la princesse et son préféré, l'autre était le chef des nègres, très nombreux dans le pays. Tous deux demandèrent sa main. La princesse déclara qu'elle se donnerait à celui des deux prétendants qui lui amènerait le premier les eaux de l'oued Anseur, dans un espace de huit jours. Elle imposa au nègre un ouvrage en maçonnerie et à son cousin une canalisation en roseaux. Celui-ci fut prêt le premier, mais l'eau n'arriva pas. Il avait omis, dans sa précipitation, de percer l'un des roseaux qui formaient la canalisation. Le nègre, au contraire, parvint à terminer dans les huit jours l'ouvrage en maçonnerie qui lui était imposé, et amena l'eau chez la princesse. Mais celle-ci, qui avait imposé cette condition dans l'espoir qu'elle ne pourrait pas être réalisée par lui, se tua, en se précipitant du haut de sa maison, plutôt que de devenir la femme d'un nègre. »

2° **Barrage.** — Dans la plaine de l'oued Djemâa, avant d'arriver au village de Ferry, sur l'oued Meleh, on trouve les restes d'un barrage qui était destiné à retenir les eaux descendant des oueds El Anseur, Darkaoua et Zemmora, ainsi que les eaux des collines des Beni Dergoun. Ces trois ruisseaux se réunissent, en effet, à quelques centaines de mètres en amont du barrage et forment l'oued Melch.

Cet ouvrage en grosse maçonnerie présente l'aspect d'un mur de

(1) Il aboutissait à la ville antique située à 4 kilomètres de Relizane.

o m. 80 de largeur, soutenu en aval par un autre mur de 1 m. 20 d'épaisseur.

Les dernières collines venaient s'arrêter à ce barrage, qui servait à irriguer la plaine.

On n'en trouve de restes que sur les bords de l'oued. Cependant il est à présumer qu'il devait s'étendre d'une colline à l'autre et former une ligne de 150 ou 200 mètres.

A environ 1,500 mètres de là, on rencontre les ruines d'un village qui paraît remonter à l'époque romaine, à en juger par le mode de construction des quelques murs qui subsistent.

VII

TRAVAUX HYDRAULIQUES ANCIENS SUR L'OUED MINA, PRÈS DE RELIZANE

(Département d'Oran).

NOTICE DE M. OURRIOL, MAIRE DE RELIZANE.

Les travaux hydrauliques anciens ayant pour objet la mise en valeur des terres sont assez nombreux dans les environs de Relizane; ils avaient été construits sur le cours de l'oued Mina, tant dans son lit actuel que dans le lit primitif ou sur ses rives, et ils étaient destinés à l'irrigation des plaines riveraines.

Les installations faites pour l'aménagement d'ensemble des eaux courantes, s'appliquant exclusivement à la rivière de l'oued Mina, sont indiquées dans le plan ci-joint (fig. 1), limité à peu de distance en aval du barrage actuel qui dévie les eaux sur les deux rives pour l'irrigation d'une partie de l'immense plaine de Relizane.

1° **Premier barrage.** — L'ouvrage ancien le plus important du bassin inférieur de la Mina se trouve en un point que les Arabes désignent sous le nom d'oued El Hadjar, distant de 8 kilomètres environ du barrage actuel, en amont. Il consiste en un barrage de dérivation dont la majeure partie est encore debout. Elle est attenante à la berge de la rive droite, dans laquelle elle s'enracine. La rivière a détruit l'enracinement de la berge de la rive gauche en se creusant un nouveau lit et elle rejoint son lit normal par un contour brusque, longeant le barrage, dont le pied est baigné par les eaux.

Au milieu du lit actuel, on voit un bloc énorme de maçonnerie de béton, dont la disposition indique qu'il a été détaché de l'ouvrage et renversé par quelque forte crue.

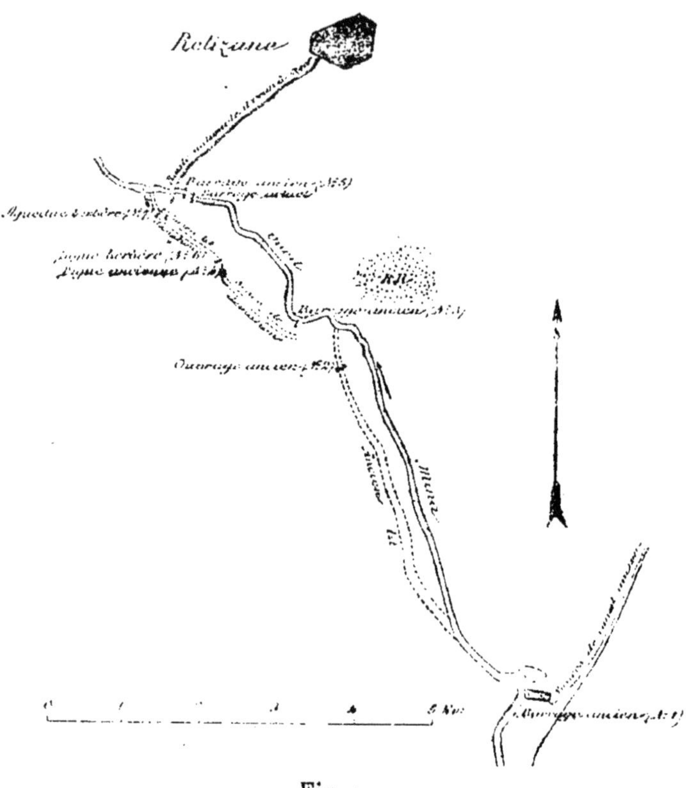

Fig. 1.

Les restes du barrage consistent, outre le bloc ci-dessus, en une digue construite en maçonnerie de béton aggloméré en galets et graviers de rivière, les premiers de diverses grosseurs; elle se profile en travers du lit primitif de la rivière et s'enracine, comme il est dit plus haut, dans la berge de la rive droite. Elle est bien visible sur une longueur de 50 mètres et une largeur de 20 mètres; la face du côté aval s'élève de 4 mètres au-dessus du niveau actuel des eaux; la face du côté amont, dont le parement supérieur seul reste visible, est presque entièrement cachée par les dépôts d'alluvions qui se sont formés et bordent le cours d'eau actuel. Le lit nouveau a été creusé sans doute par la rupture du déversoir qui devait exister à cette extrémité.

Un peu en amont de la digue, à quelques mètres sur la rive droite, on remarque des traces d'un canal qui se prolongent assez loin dans la plaine.

L'établissement du barrage, ainsi que les vestiges du canal de déviation, permettent de supposer que ces ouvrages servaient uniquement aux irrigations des deux parties de plaine de la rive droite qui se succèdent depuis la Mina, dans la direction nord-est, jusqu'au parcours de la route actuelle d'Oran à Alger, et qui sont séparées par le mamelon où se trouvent les ruines d'une ville romaine importante à 4 kilomètres au sud de Relizane; la rive gauche, du reste, n'est pas praticable aux irrigations en face de la digue, en raison de la succession de mamelons qui la bordent à une courte distance de la berge.

Depuis ce grand barrage, en descendant le cours de la Mina, on observe, à peu de distance, sur la rive gauche, une dépression du terrain presque parallèle au lit actuel de la rivière; elle se manifeste sur un parcours de plusieurs kilomètres et indique certainement le passage du lit primitif où s'écoulaient les eaux qui, n'étant pas dérivées par le canal de la rive droite, se déversaient par-dessus le barrage. On arrive ainsi, en suivant cette dépression, à un autre ouvrage de minime importance que nous allons décrire.

2° **Vanne ou prise d'eau en rivière.** — En un point de la rive gauche de cet ancien lit, au contour d'un mamelon où la plaine, jusque-là resserrée, s'élargit en un grand cirque circonscrit par une succession de hauteurs, on trouve une construction émergeant seulement de 0 m. 30 au-dessus du terrain actuel. Faite également en béton aggloméré de graviers de rivière et petits galets, elle conserve le reste déchiqueté d'un enracinement dans la berge et a sans doute servi pour une prise d'eau en rivière, destinée aux arrosages des terres du cirque.

D'après la disposition de cet ouvrage, dont l'ouverture devait être bien en contre-bas du sol actuel, il est à supposer qu'il était destiné à ne prendre qu'une minime partie de l'eau que laissait échapper le déversoir du grand barrage d'amont.

L'ancien lit se continue encore sur 600 mètres environ en aval de cette construction et se confond alors avec le lit actuel.

3° **Second barrage.** — En continuant de descendre le cours de la rivière, on trouve, à 500 mètres, un second barrage romain, distant de 2 kilomètres et demi environ du barrage actuel. Comme pour le grand barrage décrit en premier lieu, il reste une partie de ce deuxième ouvrage et la rivière a creusé son lit actuel en emportant l'autre partie; mais ici, c'est en sens contraire; tandis qu'au grand barrage d'amont la Mina s'est jetée du côté de la rive gauche, épargnant la partie de la digue appuyée à la rive droite, ici elle s'est jetée sur la rive droite, laissant debout la partie de la rive gauche; cela indique certainement que l'ouvrage était destiné à dévier les eaux sur la rive gauche, alors que le précédent les déviait sur la rive opposée. Ce second barrage offre des dimensions plus réduites; il est fait, d'ailleurs, comme les autres ouvrages, en béton aggloméré de galets et graviers de rivière.

Il est situé sur les terres d'une ferme. Le propriétaire a nivelé les traces de la déviation par laquelle s'écoulaient les eaux que dérivait le barrage. On retrouve ces traces à 500 ou 600 mètres plus bas, où la canalisation ancienne est représentée par un creux de terrain d'une largeur de 15 mètres environ sur 1 m. 50 de profondeur; elles se poursuivent jusqu'aux abords du caravansérail de Relizane, près du barrage actuel; la profondeur augmente un peu en arrivant vers ce point extrême.

4° **Digue romaine.** — En ce lieu existent deux ouvrages distincts. Le premier est une digue, de construction romaine, en béton aggloméré. Le second, à 20 mètres en aval, est de construction plus moderne: il a été restauré par les Français (voir plus loin n° 6). Tous deux ont servi à lancer les eaux sur les terres de la rive gauche qui s'étendent du côté du village des Silos (Clinchant), où existent des ruines romaines, au-dessus de la route nationale actuelle. Le premier de ces ouvrages, dont nous nous occuperons tout d'abord, consiste en un reste de digue en béton, qui fait saillie de 0 m. 10 à 0 m. 15 au-dessus du sol actuel et se profile du côté de la rive droite de la déviation venant du second barrage, sur 9 mètres de longueur et une épaisseur de 0 m. 80. Ce vestige ne représente sans doute que le couronnement de l'ouvrage, car la digue restaurée (à 20 mètres en aval) est fondée sur un sol bien plus en contre-bas (de 5 mètres au moins).

5° **Troisième barrage.** — Pendant l'occupation romaine, un autre barrage avait dû être construit sur le cours même de la Mina. Il en reste quelques vestiges entre le pont de la route nationale et le barrage actuel; il devait être destiné à distribuer dans tout le bas de la plaine les eaux qui provenaient des déversoirs des deux barrages d'amont. Ces vestiges sont des blocs de béton aggloméré, plus ou moins volumineux, épars dans la rivière. Sur la rive gauche, dans la pépinière du Syndicat, se trouve un reste de conduite formée de deux murs en béton, avec revêtement en briques, visible sur 18 mètres de long; les murs ont 0 m. 60 d'épaisseur et atteignent 1 m. 50 de hauteur au-dessus du sol actuel.

6° **Digue berbère.** — Plus tard, la rupture de la digue romaine (n° 4) a laissé les eaux creuser un lit qui s'étend depuis cette digue jusqu'à la rencontre du lit actuel de la Mina sur 1,500 mètres de longueur environ. C'est sans doute pour remettre en usage le système suivi par les Romains que les Berbères du moyen âge ont élevé la digue existant encore aujourd'hui, en aval de l'ouvrage n° 4. Elle mesure environ 60 mètres de longueur; la hauteur, qui n'est complètement visible que du côté aval, est d'environ 8 mètres. Une grande ouverture en plein cintre, de 3 mètres de largeur sur 5 mètres de hauteur, est ménagée au milieu. La construction de l'ouvrage est faite en maçonnerie de gros blocs, de moellons et de galets de rivière. L'ouverture avait été fermée du côté d'amont lors de la restauration exécutée au début de la colonisation française de Relizane. Mais cette disposition a été abandonnée lors de l'établissement du nouveau canal principal de la rive gauche.

7° **Aqueduc berbère.** — A l'époque (moyen âge) où la digue décrite au paragraphe précédent servait sans doute à diriger les eaux vers les parties de plaine qui s'étendent au-dessus de la route actuelle, sur la rive gauche, les Berbères avaient construit un grand aqueduc sur le bras du lit de rivière creusé par la rupture de la digue n° 4, à 800 mètres environ de leur digue. Cet aqueduc servait probablement à passer les eaux provenant du barrage signalé au n° 5, ouvrage que les indigènes avaient dû remettre en usage pour les irrigations de la partie basse de la plaine.

Construit, comme la digue n° 6, en maçonnerie de blocs, moellons et gros galets, il est aujourd'hui en ruines, mais les restes permettent d'établir qu'il était composé de trois arches (dont celle du milieu seule est restée debout) et qu'il supportait un large canal maçonné

Du côté de Relizane, il pénètre dans la berge d'environ 5 mètres, représentant probablement la longueur de la culée.

8° **Canaux.** — Il reste à signaler, pour compléter cette étude, l'existence d'anciens canaux qui sillonnent toute la plaine irriguée de la zone actuelle de Relizane, sur les deux rives. Les colons les connaissent sous la dénomination d'anciens canaux turcs; mais il est fort probable qu'ils ont été créés par les Romains, qu'ils ont été remis en usage par les Berbères du moyen âge, que plus tard les Turcs les ont également utilisés pour l'arrosage des nombreuses rizières qu'ils cultivaient dans la plaine. Aujourd'hui encore, beaucoup de tronçons de ces canaux sont en usage, malgré les tentatives faites pour les remplacer et les abandonner; ceux qui pratiquent les irrigations préfèrent les maintenir.

Il résulte de l'étude des travaux hydrauliques des anciens dans la contrée de Relizane que, de nos jours, il y aurait lieu de rétablir ces systèmes d'aménagement des eaux de la Mina pour toutes les parties de plaines situées en amont de la zone d'irrigation actuelle: on pourrait ainsi employer les eaux d'hiver et des crues, qui, pendant la saison pluvieuse, fournissent un débit bien supérieur au débit nécessaire pour la zone actuelle, et qui maintenant vont se perdre inutilement à la mer.

Le supplément des terres des environs de Relizane soumises ainsi aux irrigations d'hiver ne serait pas moindre de 5,000 hectares environ. Il serait alors possible d'assurer des récoltes de céréales ou fourrages sur les deux tiers au moins de cette superficie; par suite, la valeur de ces terrains augmenterait aussitôt dans une notable proportion. La contrée de Relizane aurait grand intérêt à ce que l'Administration compétente procédât à l'étude d'un projet de ce genre.

VIII

TRAVAUX HYDRAULIQUES ANCIENS DANS LA COMMUNE MIXTE DE RENAULT

(Département d'Oran).

NOTICE DE L'ADMINISTRATEUR.

1° **Mazouna.** — Mazouna est une petite ville arabe comprenant une population indigène de 5,000 âmes. Les habitants, dont les uns descendent des Berbères, d'autres des Turcs et enfin un certain nombre des Arabes, se sont mélangés par leurs alliances et ils ont tous aujourd'hui les mêmes mœurs et coutumes.

Leur principale ressource consiste dans le produit de leurs jardins, qui occupent une superficie d'environ 200 hectares.

Tous ces jardins sont irrigués au moyen de sources très abondantes et dont les principales sont au nombre de trois, savoir : Aïn Tinesri, Aïn Dahb, Aïn Temda.

A. *Aïn Tinesri.* — Cette source, qui porte un nom berbère, a un débit constant d'environ 10 à 12 litres par seconde.

Deux bassins-réservoirs, l'un de 8 mètres de longueur sur 4 mètres de largeur et 3 mètres de profondeur, et l'autre de 8 mètres de longueur sur 2 mètres de largeur et 3 mètres de hauteur, paraissent remonter à l'époque antique.

La source de Tinesri ayant deux points d'émergence, ces bassins ont dû être construits pour capter toutes les eaux et les garder quelques heures pour les distribuer ensuite dans les jardins ou les envoyer à Mazouna.

Ils sont installés parallèlement l'un à l'autre, le plus petit en contre-bas de 4 mètres. Le point d'émergence le plus important se trouve, en effet, dans un banc de grès à 4 mètres au-dessus du second, lequel affleure une couche d'argile.

Depuis les Romains, le lit de la source a baissé de 1 m. 50 environ aux deux points d'émergence. Par suite, les deux bassins, se trouvant actuellement au-dessus de la nappe d'eau, sont devenus inutilisables. C'est pourquoi les indigènes les ont détruits en partie pour en construire un autre en contre-bas; mais il est continuellement détérioré et ne rend pour ainsi dire aucun service.

B. *Aïn Dahb.* — Source située au nord-ouest de Mazouna, d'un débit à peu près égal à la première, soit de 10 litres environ à la seconde.

Les Romains et plus tard les indigènes n'ont fait qu'utiliser les eaux pour les irrigations au moyen de canaux creusés dans le sol. On a cependant aménagé par quelques travaux de maçonnerie un petit bassin naturel qu'ont formé à cet endroit les eaux tombant en cascade de 6 mètres de hauteur.

Le nom de cette source, *Aïn Dahb* (source d'or), lui a été donné en raison de sa limpidité.

C. *Aïn Temda.* — Troisième source, dont se sert la population d'un faubourg de Mazouna distant de cette ville de 2 kilomètres et demi.

Les ruines que l'on trouve aux environs attestent que les anciens ont utilisé les eaux de cette source ou plutôt de toutes les sources qui émergent dans le fond d'un même ravin.

Après s'être réunies, elles ont formé un petit étang dans un banc de grès; de là le nom de *Temda* (étang, lac), donné par les Berbères auxdites sources.

Une inscription libyque gravée sur une grande stèle a été trouvée dans le fond d'un ravin à proximité de l'étang.

2° **Douar-commune de Médiouna.** — *Source de Tansert.* — Elle est très importante. Son débit constant est de 10 à 12 litres à la seconde.

Elle a été employée autant par les Berbères, qui lui ont donné le nom sous lequel elle est encore désignée aujourd'hui, que par les Romains, qui avaient installé à côté d'elle une petite ville très florissante, à en juger par ses ruines.

La source émerge au fond d'un ravin d'une profondeur de 35 mètres et coule sur un banc de calcaire.

A un endroit, ses eaux traversent un bassin creusé naturellement et dont le diamètre est de 2 mètres sur 0 m. 60 de profondeur. C'est à ce bassin, sans doute, que les anciens allaient chercher l'eau qui leur était nécessaire. Les indigènes agissent de la sorte aujourd'hui.

Il faut ajouter que, malgré le voisinage de cette source, située à 60 mètres de l'emplacement de la ville romaine, les habitants de celle-ci avaient construit une citerne près de chaque maison importante. Plusieurs de ces citernes, une fois déblayées, pourraient être utilisées. Elles sont construites en moellons et chaux. Les enduits sont parfaits comme conservation et résistance. La canalisation pour l'amenée des eaux pluviales aux citernes est en poterie.

3° **Douar-commune des Oulad Slama.** — *Source de Bouzaghou.* — Le débit de cette source est de 1 litre à la seconde.

L'eau est chargée de sulfate de magnésie en assez grande proportion. Malgré cet inconvénient, elle était amenée par les anciens à une cité d'une certaine importance, installée sur une pente qui domine la plaine du Chélif. La canalisation était en maçonnerie très ordinaire et avait une longueur de 2 kilomètres environ.

Il convient de remarquer que cette source n'émergeait pas avant les travaux effectués par les habitants de la ville dont nous venons de parler. Ceux-ci, vu le manque d'eau dans toute la région avoisinant la plaine du Chélif, n'ont pas hésité à pénétrer en galerie sous un mamelon très élevé pour arriver à une nappe aquifère et mettre à jour la source qui existe aujourd'hui.

IX

BARRAGE ET CONDUITE D'EAU PRÈS DU VILLAGE DE SAINT-AIMÉ

(Vallée du Chélif).

NOTE DE M. BLANCHÈRE, MAIRE DE SAINT-AIMÉ.

A environ 1 kilomètre du village de Saint-Aimé, on voit un barrage romain sur le lit de l'oued Djidiouïa. Il a une hauteur moyenne de 5 mètres au-dessus des fondations, sur une largeur de 5 mètres à sa base et de 1 m. 50 à son couronnement. Il a été construit avec des blocs de béton et est d'une belle conservation.

Nous signalerons aussi une conduite dont les vestiges sont encore très apparents; elle prenait l'eau à une source sur les bords de la rivière de Djidiouïa, source qui est aujourd'hui couverte par les vases du barrage. Cette conduite servait à l'alimentation d'un centre romain qui a laissé des ruines contre la ligne du chemin de fer, aux limites des communes de Saint-Aimé et d'Inkermann. De son point de départ à son point d'arrivée, elle doit avoir un parcours de 8 kilomètres environ. Le canal mesure o m. 25 de largeur.

X

TRAVAUX HYDRAULIQUES ANCIENS EXISTANT SUR LE TERRITOIRE DE LA COMMUNE DE ROUINA

(Vallée du Chélif).

NOTE DE L'ADMINISTRATION COMMUNALE.

L'oued Rouïna, un des principaux affluents du Chélif, est formé de la réunion de deux rivières, la Zeddin et la Zeddina.

Des renseignements recueillis et des vestiges qui subsistent, il semble résulter que la vallée de cette rivière a reçu autrefois, au temps de l'occupation romaine, un aménagement complet d'irrigation.

C'est seulement à titre de mention que l'on peut citer le barrage que les indications qui nous ont été données placent un peu au-dessous du point de jonction de la Zeddin et de la Zeddina. Il avait pour but d'irriguer la vaste et riche plaine de Zeddin (territoire de la commune mixte du Braz).

Le travail hydraulique le plus important de la vallée était sans contredit celui qui était situé au point où l'oued Rouïna pénètre dans la plaine du Chélif. A cet endroit, où la rivière est resserrée entre deux éperons qui lui forment un lit de rochers, les Romains avaient construit un barrage, dont il reste encore un gros bloc de maçonnerie.

Le service actuel des ponts et chaussées a procédé, un peu au-dessus de cet ouvrage, à un drainage dont le but est d'alimenter en eau potable le centre de Rouïna. Les anciens avaient réussi, non à pourvoir d'eau potable un centre d'une trentaine de feux, mais à irriguer à l'aide de l'oued Rouïna une étendue de 2,000 hectares, grâce à des canaux dont on distingue les traces.

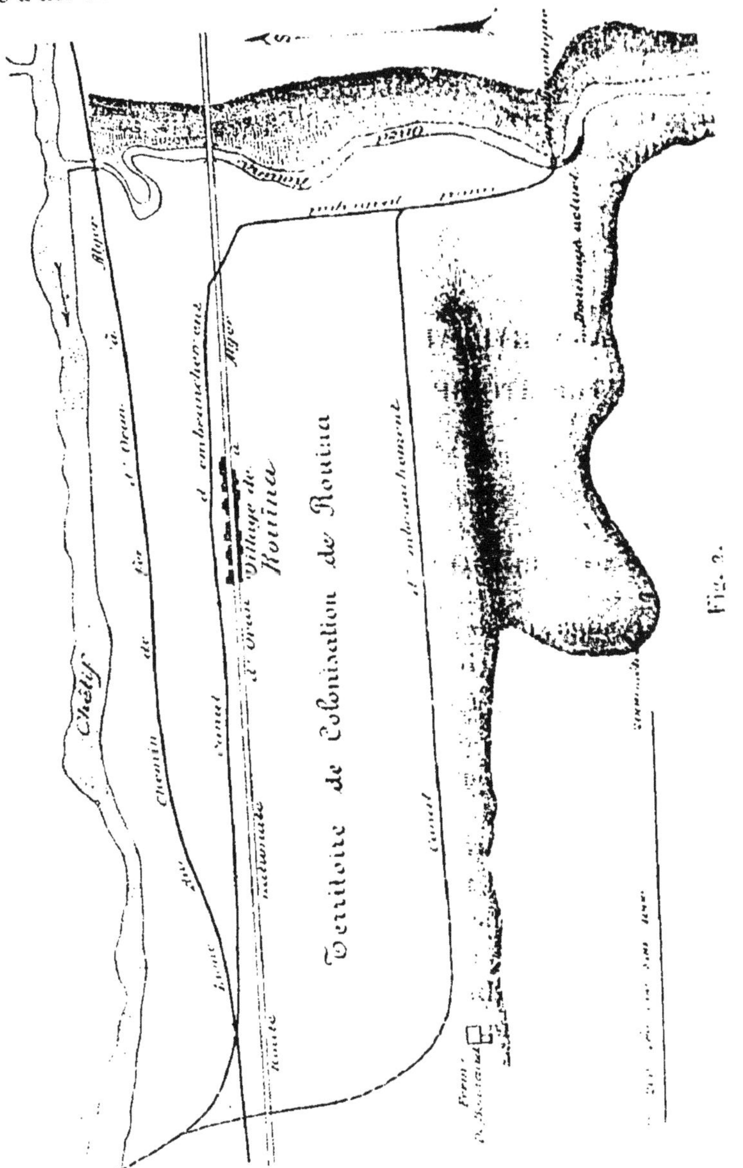

Fig. 2.

Le canal principal, d'une longueur de 2 kilomètres, partait du barrage et, suivant une ligne droite sud-nord, menait l'eau au niveau des terres à arroser.

Deux canaux, orientés de l'est à l'ouest et distants d'environ

1,000 mètres, prenaient naissance sur le principal canal et répandaient l'eau sur la plaine jusqu'à une distance de plus de 4 kilomètres.

Il est donc probable qu'un barrage sur l'oued Rouïna à ce même endroit permettrait aux colons de Rouïna d'irriguer leurs terres de culture.

On ne saurait espérer voir le barrage maintenir les eaux pendant la saison estivale, alors que la rivière est à sec : ce qui a lieu durant deux mois, en septembre et en octobre. Mais, durant les dix autres mois de l'année, une forte quantité d'eau coule dans la rivière et un barrage permettrait de l'utiliser, tandis qu'aujourd'hui elle s'écoule inutilement.

La carte jointe à cette note (fig. 2) donne une idée de la disposition des canaux romains dont les vestiges subsistent.

L'enquête a été nulle sur le point de reconnaître si des ouvrages hydrauliques avaient existé sur le Chélif, qui traverse également la commune.

XI

TRAVAUX HYDRAULIQUES DES ANCIENS DANS LA RÉGION DE CARNOT

(Vallée du Chélif).

NOTICE DE M. SIGAUD.

Tout d'abord il sera peut-être utile d'indiquer brièvement les résultats de l'enquête à laquelle je me suis livré sur les vestiges des travaux hydrauliques anciens aux environs de Carnot (voir la carte ci-jointe, fig. 3).

1° Les premières ruines que l'on rencontre en partant de Carnot et qui méritent d'être signalées sont situées au nord du village, à 2 kilomètres.

Elles consistent en un barrage, d'ailleurs presque entièrement détruit;

2° A 6 kilomètres, toujours au nord, on trouve un puits ancien qui a nom Aïn el Bir;

3° D'autres restes de constructions existent près de la source d'Aïn Asfor (plus à l'ouest);

4° A l'ouest de ce puits, mais en dehors du territoire de la commune, se trouvent l'aïn Sultan et l'aïn Tamdouit, situées sur le douar Tacheta. Ces deux sources avaient été captées par les

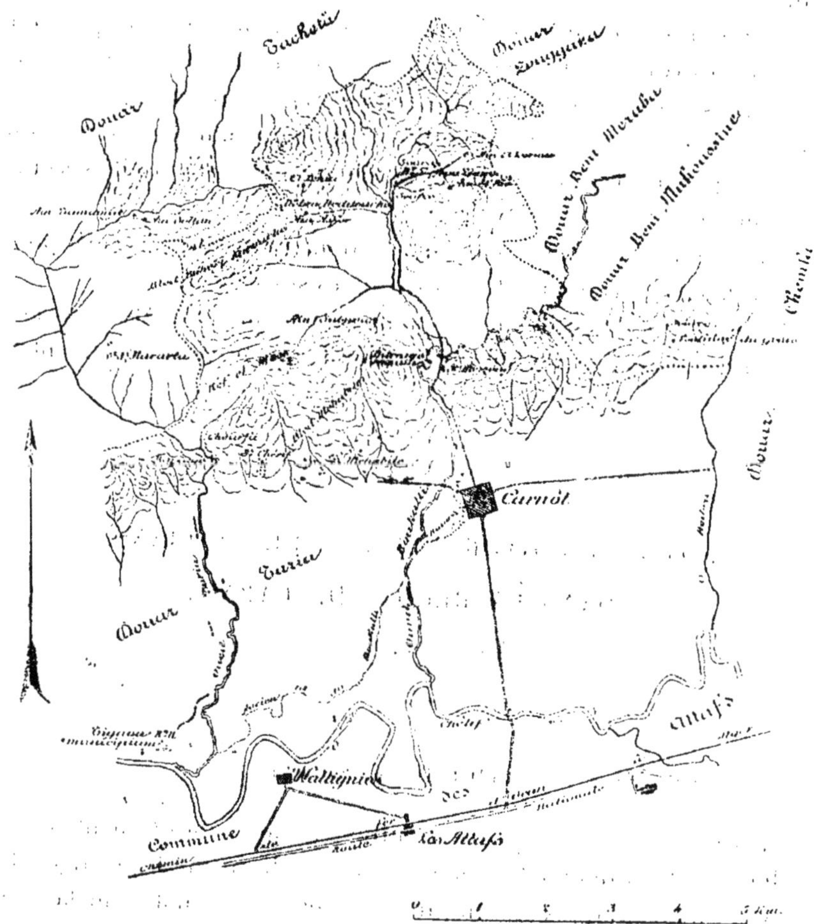

Fig. 3.

Romains et leurs eaux conduites sur les bords du Chélif, à la ville qui porte aujourd'hui le nom de Ksar Sultan (dans l'antiquité *Tigava*);

5° Sur les bords de l'oued Taria, dans la fraction Cheurfa, on remarque les ruines assez bien conservées d'un barrage qui a dû servir à l'irrigation d'une grande partie de la plaine;

6° A 4 ou 5 kilomètres au sud du barrage en question, du côté du Chélif, se trouvent les ruines fort importantes de Ksar Sultan. Cette ville recevait son eau d'alimentation par une conduite qui subsiste en partie et qui avait, comme je viens de le dire, son origine à l'aïn Sultan et à l'aïn Tamdouit;

7° A l'est de Carnot, sur le douar Chemla, une source qui porte le nom de Fontaine-du-Génie avait été captée par les Romains, pour servir à l'alimentation et probablement aussi à l'irrigation d'un centre important, dont les ruines se trouvent sur le lot portant le n° 319 du plan de lotissement de la commune.

1° **Barrage de l'oued Boukhalli.** — Le village de Carnot a été bâti sur des ruines romaines très étendues. Les constructions étaient échelonnées sur les bords d'un ravin que les indigènes désignent sous le nom de *Boukhalli-mort.* Ce ravin paraît avoir été autrefois le lit de la rivière qui coule aujourd'hui à côté et qui porte le nom de Boukhalli.

A 2 kilomètres au nord du village, sur le bord du chemin de grande communication n° 4 (de l'oued Damous à Téniet el-Haàd), on remarque, dans le lit de l'oued Boukhalli, quelques restes d'un barrage que nous croyons remonter à l'époque de l'occupation romaine. La maçonnerie a été faite à la chaux grasse; les pierres employées sont de grosseur moyenne.

Le barrage semble avoir eu la direction du sud-est au nord-ouest. Il devait être assez important. Il est impossible d'en évaluer la hauteur, mais à la base, dans le lit de la rivière, l'épaisseur est de plus de 4 mètres.

Le canal qui conduisait les eaux au village romain situé à l'emplacement de Carnot devait être établi sur la rive droite de la rivière. Il est aisé de comprendre qu'il ne pouvait en être autrement, car, sur la rive gauche, la montagne empêchait l'installation d'un aqueduc.

Les eaux ont dû servir à l'irrigation de plusieurs centaines d'hectares, car, partant du barrage situé à l'entrée des montagnes, elles sillonnaient la plaine sur un parcours de 10 kilomètres environ.

Depuis la création de Carnot, plusieurs ouvrages importants ont été faits ou sont en cours d'exécution aux environs de l'endroit où l'on aperçoit les ruines du barrage romain.

Suivant l'exemple des anciens, l'Administration a fait construire à 50 mètres environ en aval de ces ruines un barrage-déversoir destiné à l'irrigation des terrains des colons. Malheureusement, la rivière ne coule pas ou presque point, et cette œuvre, qui aurait dû être la prospérité et la fortune de Carnot, ne sert à rien.

L'année dernière, sur la demande du Conseil municipal, et sur le vu du rapport favorable des ingénieurs des ponts et chaussées, l'Administration supérieure a accordé à la commune de Carnot une subvention pour recherches et travaux d'eau. Ces travaux, mis en adjudication en juin dernier, s'exécutent en amont du barrage romain et promettent de donner des résultats satisfaisants.

2° **Aïn el Bir.** — A 6 kilomètres environ au nord du village de Carnot, sur le versant nord du djebel Si bou Ziane (par 300 mètres environ d'altitude), se trouve un puits ancien que les indigènes appellent Aïn el Bir. Ce puits, dont l'eau abondante déborde et forme un marécage, a environ 1 m. 10 de diamètre; sa profondeur est de 3 à 4 mètres. Il est construit en pierres sèches. Du côté de la montagne, il offre une margelle en pierres de taille; deux ou trois autres blocs taillés se voient aux abords. Le puits dont nous parlons peut fournir de l'eau en quantité suffisante pour irriguer environ 10 hectares de terres.

Plusieurs sources existent sur le même versant de la montagne et sont distantes de l'aïn el Bir d'environ 500 mètres, mais aucune d'entre elles ne semble avoir été aménagée par les Romains.

3° **Source d'Aïn Asfor.** — La source qui porte le nom d'Aïn Asfor est celle dont les eaux servent à l'alimentation de Carnot. Elle est située à 7 kilomètres environ au nord-nord-ouest du village, sur le versant est du djebel Baheri Karouche. Son débit est d'environ 50 litres à la minute, mais, par suite des années de sécheresse que nous avons eues, elle ne donne plus que 30 litres.

Des ruines romaines de peu d'importance se trouvent à environ 200 mètres de cette source.

Les eaux de l'aïn Asfor ont pu irriguer une dizaine d'hectares environ.

4° **Sources d'Aïn Sultan et d'Aïn Tamdouit.** — Les deux sources importantes d'Aïn Sultan et d'Aïn Tamdouit, sises sur le territoire de Tacheta (commune des Braz), sont alimentées par les eaux des montagnes de Tacheta et du djebel Baheri Karouche. Ces sources n'étant pas sur la commune de Carnot, nous ne les mentionnons que pour mémoire.

Tout près de l'aïn Sultan, il existe des vestiges romains importants, parmi lesquels on ne remarque point de pierres de taille. Nous supposons qu'ils ont appartenu à un réservoir.

Les eaux de l'Aïn Sultan, captées par les Romains, étaient croyons-nous, amenées sur les bords du Chélif, près de Wattignies, et servaient à l'alimentation de la grande ville de Tigava.

5° **Barrage de l'oued Taria.** — Le douar Taria, dépendant de la commune de Carnot, doit avoir été fortement peuplé à l'époque romaine. Les ruines nombreuses qui sont répandues sur son territoire l'attestent suffisamment.

La rivière qui traverse le douar et qui lui a donné son nom a servi à l'irrigation de plusieurs centaines d'hectares. On voit, dans le lit de l'oued, à la fraction Cheurfa, située à environ 4 kilomètres du village de Carnot, les restes d'un barrage qui a encore environ 12 mètres de longueur. Sa hauteur dans le lit de la rivière est de 4 mètres. Il a une épaisseur de 3 m. 50 à la base et de 1 m. 10 environ au faîtage.

Le côté amont de cet ouvrage est vertical tandis qu'à l'aval il est étagé et représente un escabeau avec des marches de 0 m. 70 de hauteur. La maçonnerie est faite en chaux hydraulique, les pierres employées sont de différentes grosseurs.

Le barrage était orienté sud-nord et, comme à celui de l'oued Boukhalli, l'écoulement des eaux devait être sur la rive droite.

A quelques centaines de mètres dans la plaine, on marche sur les ruines d'un canal qui a pu servir à la distribution des eaux du barrage. Suivant la tradition locale, il aurait, au contraire, conduit les eaux de l'aïn Sultan à la ville de Ksar Sultan.

6° **Ruines romaines dénommées Ksar Sultan.** — Après avoir quitté le barrage romain de Taria, on longe cette rivière pendant près de 4 kilomètres, en se dirigeant au sud, et l'on arrive à des ruines importantes.

C'est d'abord un réservoir, d'une longueur de 15 mètres sur 10 mètres de large et d'une hauteur de 1 m. 20 environ. Les eaux y débouchaient par une conduite qui se trouvait à l'est et elles s'écoulaient du côté de l'ouest par un aqueduc de 1,500 mètres de longueur environ, qui servait à l'alimentation de la ville romaine (*Tigava municipium*) située sur les bords du Chélif et connue actuellement sous le nom de Ksar Sultan.

Le réservoir dont il s'agit est construit en maçonnerie de chaux hydraulique mélangée avec du ciment. Les pierres employées sont généralement petites.

L'aqueduc, assez bien conservé sur une longueur de 250 à 300 mètres, mesure 3 m. 50 environ de hauteur, 2 m. 50 de largeur à la base et 2 mètres environ au faîtage. Il est construit de la même manière que le réservoir. L'eau sortant du réservoir suivait une canalisation établie dans le haut de l'aqueduc et qui peut avoir 0 m. 40 de large sur 0 m. 60 de hauteur.

Cet aqueduc suit une ligne droite vers l'ouest; il tourne ensuite brusquement au sud et se termine à l'entrée des ruines de la ville romaine [1].

Des renseignements qui nous ont été fournis il résulterait que les eaux ainsi amenées à Ksar Sultan provenaient des sources d'Aïn Sultan et d'Aïn Tamdouit, situées sur le territoire du douar Tacheta, sources que nous avons signalées plus haut. Ces eaux étaient donc employées pour l'alimentation.

Des restes de la conduite ayant servi à l'adduction de ces eaux existent sur plusieurs points, notamment sur la rive droite de l'oued Taria, en amont du barrage, ce qui paraît démontrer qu'elles provenaient réellement de quelques sources situées dans le Tacheta et rien ne s'oppose à ce que ce soient celles d'Aïn Sultan et d'Aïn Tamdouit.

Celles du barrage (n° 5) devaient, au contraire, être distribuées à la sortie de la montagne et servir à l'irrigation.

7° **Fontaine-du-Génie.** — La fontaine dite « du Génie » se trouve dans le douar Chemla (commune mixte des Braz), à 4 kilomètres à l'est de Carnot. Ses eaux déversent sur le territoire de la commune, dont elle est distante de 800 mètres environ.

Cette source a été captée par les Romains, qui l'utilisaient pour

(1) Sur l'aqueduc de *Tigava*, conf. Reisser, *Bull. de la Société de géographie d'Oran*, 1898, 215-7. Selon cet auteur, l'eau ne serait pas venue de la source d'Aïn Sultan.

l'irrigation et aussi pour l'alimentation d'un centre situé dans la plaine à une distance de 2,500 mètres environ.

Les restes d'un canal se remarquent sur une longueur de plusieurs centaines de mètres.

XII

TRAVAUX HYDRAULIQUES ROMAINS À DOLLFUSVILLE (SUFASAR), SUR LE CHÉLIF.

NOTICE DE M. COSTE, SOUS-DIRECTEUR DU DOMAINE D'AMOURAH.

Le village d'Amourah (Dollfusville), situé sur le territoire de la commune mixte du Djendel (arrondissement de Miliana), fut créé en 1880 par la Compagnie algérienne, sur l'emplacement d'une ville antique, *Sufasar*, dont les ruines furent utilisées pour les constructions, sauf toutefois les pierres portant des inscriptions, sculptures ou moulures.

Dans l'intérieur des murs de la ville se trouvait englobée la source d'Aïn Amourah.

Les eaux d'une autre source appelée Aïn Tolba étaient amenées à Sufasar par une conduite dont on trouva les débris épars sur le sol ou recouverts par les éboulements.

1° **Source d'Aïn Amourah.** — Elle fut la première aménagée pour les besoins du village. À cette époque, elle ressemblait à toutes les sources arabes. Un trou carré, formé de pierres empruntées aux ruines, permettait à l'eau de s'échapper; la partie supérieure était recouverte d'une énorme dalle ayant la même provenance et polie à la longue par les ablutions des croyants.

Quand on eut fait les fouilles et enlevé les pierres précitées, on se trouva en présence d'un barrage en maçonnerie d'une trentaine de mètres de longueur. Ce mur était fait de petits matériaux, liés par du mortier. Il fallut peu de chose pour remettre ce barrage en état, la partie supérieure seule étant dégradée. On construisit un puisard que l'on recouvrit d'une dalle; un tuyau de fonte qui y fut adapté amena l'eau à une fontaine abreuvoir et à un lavoir servant en même temps de réserve pour l'arrosage des jardins en contre-bas.

Cette source[1] donne 80 mètres cubes par vingt-quatre heures. Quelques caniveaux taillés dans une seule pierre, emmanchés les uns dans les autres et se dirigeant sur le point où nous avons établi des jardins, démontraient que les Romains avaient, comme nous, utilisé pour l'irrigation l'eau qui ne servait pas à la consommation.

2° **Source d'Aïn Tolba.** — Cette source est située à 520 mètres d'altitude et à une distance de 1,650 mètres du village, qui est lui-même à 361 mètres au-dessus du niveau de la mer. Elle ne fut aménagée qu'en 1887. Elle sortait à cette époque d'un banc de rochers, ne portant aucune trace extérieure de travaux anciens, et ressemblant à toutes les sources naturelles. Cependant, des débris d'une conduite qui venait exactement de ce point ne pouvaient laisser subsister aucun doute sur son utilisation par les Romains. Les vestiges de la conduite s'arrêtaient, il est vrai, à un ravin profond, mais qui ne devait pas exister dans l'antiquité, car on aurait trouvé les traces des travaux ayant permis de le franchir. On fut fixé dès la première fouille, car, lorsque l'on eut déblayé la fontaine et enlevé les pierres qui en formaient le fond, on se trouva en présence d'un bassin cimenté et d'une grotte, creusée de main d'homme dans le rocher, où aboutissait l'entrée de deux galeries, l'une à droite, l'autre à gauche. Elles étaient complètement comblées. On s'en expliqua la raison au fur et à mesure des travaux : certaines parties de la voûte s'étaient en effet effondrées et avaient occasionné des obstructions. Une autre particularité avait concouru à l'envahissement de la galerie par les terres : tant pour l'aérage et le curage que pour s'éviter de transporter les déblais à une longue distance, les Romains avaient, tous les 20 mètres environ, construit des puits de 1 mètre de côté, en pierres de taille, et les tampons de ces puits ayant disparu, la terre était entrée par les ouvertures.

Dans l'exécution de ce travail hydraulique, les anciens ont tiré parti des avantages que la nature différente des couches à creuser

[1] Elle est située dans une dépression de terrain, à 24 mètres au-dessous du plateau du village et à 337 mètres d'altitude.

leur a offerts. Sur certains points ils se sont contentés de tailler la conduite dans la roche friable; là où, la constitution géologique du terrain changeant tout à coup, il y avait discontinuité dans les couches, ils ont poursuivi la galerie au moyen de murs reliés par une voûte en plein cintre.

Ils ont employé à cet ouvrage les matériaux les plus divers, tels que pierres taillées, briques, moellons noyés dans du mortier, etc. Il en résulte que les galeries sont loin d'affecter une forme régulière. Quand la roche a été compacte, le tunnel est bas, étroit, permettant tout juste à un homme de passer. Lorsque au contraire on s'est trouvé en présence d'une roche poreuse, on l'a creusée jusqu'aux parties solides : la galerie prend alors la forme d'une vaste chambre, dont la hauteur a été encore élevée par la chute de fragments de rochers qui se sont détachés de la voûte et que l'on a trouvés en faisant les fouilles.

La galerie de droite a des dimensions très variables, qui vont de 0 m. 50 de largeur sur 1 mètre de hauteur dans les parties étroites à 2 mètres en tous sens dans les parties plus grandes. Une portion de cette galerie, située vers le milieu de la partie déblayée, semble être une réparation faite bien longtemps après, car elle a été construite d'une façon fort rudimentaire.

En cet endroit, les murs sont faits de petits matériaux agglomérés, très irréguliers, et la voûte a été établie sur des fagots empilés qui faisaient office de cintres et auxquels on a ensuite mis le feu : des branches nettement dessinées dans le mortier et de nombreux débris carbonisés que l'on peut encore y voir en sont la preuve.

Pour les travaux de restauration, les Français ont utilisé les puits précités au fur et à mesure qu'on les rencontrait. Ils sont au nombre de trois dans la galerie de droite, sur une longueur de 60 mètres environ. Au delà de ce point, le déblaiement devenait très onéreux à cause de l'envahissement de la galerie par les eaux et d'un éboulement dont on ne pouvait prévoir l'importance. Un mur en pierres sèches fut bâti en face du dernier puits : ce qui pourra permettre plus tard de reprendre les travaux. On se trouvait alors à une profondeur de 10 mètres. Il y eut peu à faire pour la canalisation de cette galerie de droite, car un caniveau cimenté, muni de puisards, était en parfait état de conservation; on n'eut qu'à construire, au point de jonction des deux galeries, un château d'eau sur lequel s'embranche un tuyau en fonte, amenant l'eau au village.

La galerie de gauche fut aussi déblayée. Elle était, sur une longueur de 30 mètres, creusée dans la roche; mais, à partir de là, on se trouva en présence de deux murs parallèles portant voûte et ayant à peine 0 m. 40 d'écartement. Il faut ajouter qu'à ce point la voûte est à peine à 1 m. 30 au-dessous du sol. On peut en conclure que les anciens ont exécuté leur travail à ciel ouvert, en faisant une tranchée, qu'ils ont comblée après avoir achevé la conduite. Voilà pourquoi on n'a pas trouvé de puits dans cette portion de la galerie. Quelques sondages qui furent faits dans la direction probable de la conduite mirent à découvert des murs identiques à ceux dont nous venons de parler; mais, comme on se trouvait déjà à 70 mètres du point de départ et que l'eau n'arrivait qu'en très faible quantité, on abandonna les fouilles. Il est probable que la galerie devait aboutir à une source captée par les Romains, source qui venait ajouter son eau à celle arrivant par la galerie de droite, et que, par suite de ruptures, le contingent d'eau que la galerie de gauche devait fournir a coulé en grande partie dans un autre versant, situé en contre-bas. Ce qui semblerait confirmer cette hypothèse, c'est l'existence, à flanc de coteau, d'une source ne présentant aucune trace de travaux anciens d'aménagement. Cependant, si elle avait coulé à cet endroit dans l'antiquité, les Romains l'auraient certainement utilisée, car le point d'émergence est très proche de l'emplacement de *Sufasar*.

Aujourd'hui, la fontaine d'Aïn Tolba donne, presque exclusivement par la galerie de droite, 28 mètres cubes par vingt-quatre heures, mais il est bien certain qu'elle aurait un débit plus fort si les fouilles étaient poussées plus avant.

La source d'Aïn Tolba venait sûrement concourir à l'alimentation de la ville antique: les vestiges trouvés ne laissent aucun doute à cet égard. Il devait exister autrefois des fontaines sur le plateau qui portait la ville, car on a découvert à 1 mètre environ de profondeur (niveau probable de l'ancien sol) des caniveaux en pierre, rayonnant dans toutes les directions.

On voit, à une centaine de mètres de Dollfusville, une série de salles voûtées juxtaposées; on y remarque, dans l'épaisseur des murs, des niches avec des bancs en pierre; au-dessus de ces bancs, à la hauteur d'une personne assise, se trouve un orifice d'où émerge un tuyau en poterie. Il y avait évidemment là des bains. En contre-bas des niches se trouve un bassin circulaire, parfaitement conservé; il devait recueillir les eaux, que l'on utilisait ensuite pour les irrigations. Des conduits en pierre, se dirigeant vers le même point que ceux provenant de la fontaine d'Aïn Amourah, sembleraient le prouver. On a rencontré, en dehors de l'enceinte, quelques conduits identiques, qui devaient venir se greffer sur un canal principal.

Il existe, dans une de nos vignes, un souterrain absolument étanche, dont la voûte est à 1 m. 20 au-dessous du sol actuel. Il est formé de deux chambres qui communiquent entre elles par une ouverture en plein cintre à hauteur d'homme. Les chambres ont chacune 3 m. 50 de côté et 5 mètres sous la voûte. Une seule est en communication avec l'extérieur par un puisard de forme circulaire, de 0 m. 50 de diamètre, percé dans une seule pierre. Cet orifice présente extérieurement des feuillures, qui font supposer qu'autrefois il a été muni d'un couvercle. Dans le haut de la voûte de la même chambre, des tuyaux en poterie, encore visibles, devaient servir à amener l'eau.

Ces citernes ont été trouvées sous un amas de décombres qui s'étendait assez loin et qui devait appartenir à un bâtiment important.

Nous n'avons découvert dans notre région aucun vestige, aucune trace de travaux d'aménagement des eaux courantes. Rien ne nous permet de supposer que le Chélif ni l'oued Arbill aient été aménagés pour déverser régulièrement leurs eaux dans la plaine. Il n'existait pas de barrages dans les ravins : du moins on n'en rencontre aujourd'hui aucun vestige.

XIII

CANAL ANCIEN AU LIEU DIT « LA CASCADE »

(Commune de Montenotte, arrondissement d'Orléansville).

NOTE DU MAIRE DE MONTENOTTE.

La commune de Montenotte possède sur son territoire, au lieu dit Bouhallou, douar des Arrouas, sur la rivière du nom de Bouhallou, une cascade, assise sur un rocher de fer, très resserré entre deux montagnes. On pourra à peu de frais [1] y établir un barrage, emmagasiner des eaux en très grande quantité et irriguer une partie des territoires de Ténès, de Montenotte et de Camp-des-Chasseurs (commune de Cavaignac).

Cette chute d'eau naturelle a été utilisée par les Romains. En effet, nous avons constaté qu'il existe à côté un canal taillé dans le roc, encore très apparent sur une longueur de 40 à 50 mètres, canal qui paraît fort ancien. Sur divers mamelons voisins, on remarque des ruines de constructions antiques, où l'on trouve notamment un nombre considérable de pierres de taille et des traces d'un bassin.

XIV

TRAVAUX HYDRAULIQUES DES ROMAINS DANS LA COMMUNE MIXTE DE GOURAYA.

RAPPORT DE L'ADMINISTRATEUR.

1° **Région de Villebourg.** — Dans cette région, située à l'ouest de la commune, on voit sur l'oued Mellah les culées d'un ancien barrage, à 100 mètres environ du chemin de grande communication n° 1, allant d'Alger à Mostaganem.

Les matériaux qui ont servi à sa construction sont des moellons, de la chaux et du sable. Le couronnement est en pierres de taille.

Ce barrage alimentait un canal qui fournissait l'eau à la ville de *Gunugu* (aujourd'hui Sidi-Brahim [2]).

La conduite passait à 10 ou 12 mètres au-dessus de la route actuelle. Elle était construite en maçonnerie de pierres et chaux et bitumée intérieurement avec de la brique pilée et de la chaux grasse qui, aujourd'hui encore, résiste au ciseau.

Les affaissements successifs du sol et les mouvements séismiques ont détruit en grande partie cet ouvrage. A la limite du territoire

[1] La nature du rocher rendrait des fondations inutiles.

[2] Conf. Gsell, *Les monuments antiques de l'Algérie*, I, p. 257-258.

de Villebourg et de la commune de plein exercice de Gouraya, le canal passait en tunnel sous un mamelon; à cet endroit il est encore assez bien conservé.

Sur l'oued Harbil, on rencontre quelques ruines d'un ancien barrage, de petites dimensions; il pouvait avoir de 6 à 8 mètres de large; on en reconnaît encore les gradins. Il était destiné sans doute à irriguer les jardins de la rive gauche de l'oued.

2° **Région de Gouraya.** — Entre l'oued Messelmoun et l'oued Sebt, en amont du chemin de grande communication n° 1 et à 200 mètres environ vers l'intérieur des terres, existent les traces d'un bassin-réservoir, qui pouvait avoir 20 mètres de longueur sur 30 mètres environ de largeur; il était alimenté par les nombreuses sources que l'on trouve de ce côté. Sa destination était probablement l'irrigation des jardins établis aux abords de l'oued Sebt, depuis l'emplacement de ce bassin-réservoir jusqu'au bord de la mer.

3° **Région de Marceau.** — L'irrigation des berges de l'oued Rouman, en plaine sur une longueur de 2 à 3 kilomètres, était assurée, jusqu'à la limite du territoire de colonisation de Marceau, par un barrage de 7 à 8 mètres de longueur, dont on retrouve des débris en maçonnerie dans le lit de la rivière.

En remontant l'oued Aïzer, on rencontre aussi de beaux restes d'un ancien aqueduc, dont les arceaux sont encore debout aux deux extrémités, sur l'oued El Kabch, affluent de gauche de l'oued Aïzer. Sur la rive gauche de cette dernière rivière, on reconnaît également les traces de l'ancienne canalisation sur une longueur de 2 kilomètres [1].

A 2 kilomètres environ du centre de Marceau, l'oued Zélazel était capté. Le débit de la rivière était augmenté par celui d'une source importante, et la réunion de ces deux volumes d'eau avait amené les anciens à construire la canalisation dont on retrouve les restes, d'ailleurs très mal conservés, à une dizaine de mètres au-dessus de la route actuelle.

L'oued Zaouïa était également capté. Le canal qui recueillait l'eau

[1] Cet aqueduc, qui n'a pas encore été signalé, devait contribuer à l'alimentation en eau de Caesarea.

de cette rivière est encore apparent aujourd'hui au niveau de la route de Zurich à Marceau, sur une certaine longueur. Les moellons, la chaux grasse et la brique pilée ont été les matériaux employés à cette construction.

Ces deux canalisations de l'oued Zélazel et de l'oued Zaouïa se rejoignaient à la hauteur de la ferme Bocquet pour suivre, de là, les contours des montagnes, prendre la vallée de l'oued El Hachem, passer sur les aqueducs de l'oued Bellah, suivre la vallée de ce nom et aboutir à Caesarea, qu'elles alimentaient [1].

C'est du reste par les mêmes voies que passe aujourd'hui l'eau d'alimentation qui arrive à Cherchel.

Nous ne terminerons pas sans signaler un barrage sur l'oued Zaouïa, situé à 500 ou 600 mètres au-dessous de l'endroit où était captée cette rivière. Il n'existe aujourd'hui de cet ouvrage que des vestiges, qui ne permettent pas d'établir l'importance qu'il avait, ni sa destination.

XV

BARRAGE DE L'OUED BERDI

(Commune mixte d'Aïn Bessem).

NOTE DE L'ADMINISTRATEUR.

Ce barrage, situé dans le douar de l'oued Berdi, est désigné sur la carte d'état-major sous le nom de Barrage Romain.

Dressé au confluent de deux ravins, dont l'un est complètement sec depuis de nombreuses années déjà, et dont l'autre (Chabet Tarsafil) ne laisse plus couler qu'un mince filet d'eau, il devait servir à l'irrigation des terrains situés sur la rive gauche de l'oued Berdi et qui constituent actuellement les fermes de MM. Becker et Wagner, aux environs d'El Esnam. Par suite d'un cataclysme quelconque, il a été coupé en deux et une partie (celle du sud), après avoir pivoté sur elle-même, a été entraînée, d'un seul bloc, à quelques mètres en arrière.

[1] Sur l'aqueduc de Caesarea, conf. Gsell, *Les monuments antiques de l'Algérie*, I, p. 248 et suiv.

La façade d'amont de cet ouvrage est droite, perpendiculaire à l'oued, tandis que celle d'aval, très large à la base, va en s'amincissant jusqu'à la partie supérieure et forme une succession de gradins, également espacés l'un de l'autre. La maçonnerie est faite en gros galets, rangés symétriquement et liés ensemble par une sorte de mortier, qui, à l'heure actuelle, a pris la consistance de la pierre et rappelle beaucoup le tuf.

Les eaux retenues par ce barrage devaient s'écouler vers le nord; de ce côté, la partie supérieure de l'ouvrage forme une sorte d'éperon qui était, sans aucun doute, le commencement du canal d'irrigation; quelques mètres plus loin, au même niveau, se trouvent des morceaux de maçonnerie de même genre, qui indiquent la direction suivie par le canal. Une ouverture semi-circulaire, qui devait servir de décharge au trop-plein, existe près de l'origine du canal, à 1 mètre environ du couronnement de la maçonnerie.

Au dire des indigènes de la région, d'autres fragments de maçonnerie, qui faisaient partie de l'assiette du canal d'irrigation, ont été enlevés pour la construction des fermes voisines.

XV BIS

AQUEDUC DE TUBUSUCTU.

NOTE DE M. CARBONNEL, CONDUCTEUR DES PONTS ET CHAUSSÉES.

Nous n'avons trouvé dans la visite minutieuse de tout le territoire de la commune de l'Oued Amizour qu'une seule conduite d'eau, se dirigeant vers la ville romaine de Tubusuctu, dont les ruines sont encore visibles sur le bord de l'oued Sahel, rive gauche, à 3 kilomètres à l'ouest d'El Kseur.

La conduite prenait les eaux d'une source importante qui existe aux Beni Djelil (une étude a été faite il y a cinq ans pour capter cette source et en amener les eaux à El Kseur).

Elle était constituée par un massif de maçonnerie, formé de petits matériaux agglomérés au mortier hydraulique (voir la coupe, fig. 4). Tantôt elle était complètement enfouie dans le sol, tantôt elle émergeait à moitié, suivant les accidents du terrain. Des vestiges de cet aqueduc existent dans le territoire de la commune, sur une longueur de près de 600 mètres (dans l'ancienne propriété Steib); ils aboutissent à un réservoir, construit également en petits matériaux et ayant la forme d'un rectangle de 7 mètres de long sur 2 m. 20 de large.

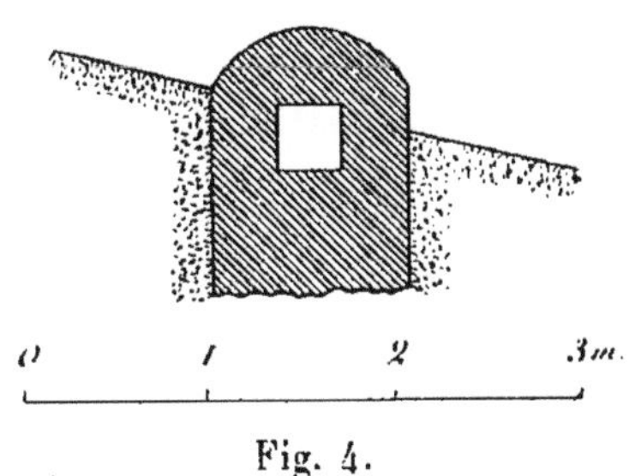

Fig. 4.

Ce réservoir, situé sur le contrefort qui domine le confluent de l'oued Amacin et de l'oued Sahel, devait être la tête d'un aqueduc sur piliers traversant l'oued Sahel pour aboutir à Tubusuctu[1].

XVI

BARRAGE ANTIQUE SUR L'OUED EL HAMMA DANS LA COMMUNE MIXTE DES RIRHA

(Département de Constantine).

NOTE DE L'ADMINISTRATEUR.

Il y avait un barrage romain au lieu dit Foum el Ghaza (douar Mouassa), sur l'oued El Hamma. Mais, de cet ouvrage d'art assez important, il ne subsiste plus, à l'heure actuelle, que les deux culées.

Construit au pied de deux montagnes, Kef Djoufan et Dar Aïssa, complètement dénudées aujourd'hui, et à l'entrée de la plaine des Ouled Sifian, il était destiné à recevoir, non seulement les eaux de l'oued El Hamma, mais encore toutes les eaux pluviales provenant des deux montagnes précitées et du Kef Tabaga.

L'eau ainsi captée devait, selon toute probabilité, irriguer la plaine des Ouled Sifian et, en outre, une partie de celle des Ouled Ali.

(1) Un autre aqueduc, venant de l'ouest, alimentait Tubusuctu. Voir Gsell, *loc. cit.*, I, p. 259 et 269.

XVII

AQUEDUC DE CUICUL (DJEMILA).

NOTE DE M. BONNEVIN, ADMINISTRATEUR ADJOINT DE LA COMMUNE MIXTE DE FEDJ MZALA.

Le seul témoin, bien indiscutable, de travaux hydrauliques anciens sur le territoire de la commune mixte de Fedj Mzala se trouve à *Cuicul,* actuellement Djemila. C'est un aqueduc romain, venant du sud, qui fournissait l'eau à la ville antique et à ses jardins et dont les indigènes se servent encore aujourd'hui.

Des murs de soutènement, en pierres de taille de 0 m. 75 de côté, dites de grand appareil, se voient çà et là sur le parcours de l'aqueduc. Ils peuvent être considérés comme des digues ou levées ayant pour but :

1° De soutenir l'aqueduc construit sur le flanc de la montagne appelée djebel Guergour, ou djebel Seridja, dont les pentes sont presque à pic;

2° D'empêcher aussi les éboulements de terres et de roches. Les eaux de cette montagne tourmentée et ravinée passaient par-dessus l'ouvrage même de l'aqueduc, pendant la saison des pluies, et allaient se précipiter en cascade dans le lit de la rivière, l'oued Guergour ou oued Djemila, qui se trouve au-dessous, à une distance parallèle moyenne de 30 à 40 mètres. Il est à remarquer, du reste, que, pendant une partie de l'année, ces ouvrages n'avaient pas à souffrir de la force des eaux, car les ravins sont peu profonds et généralement à sec pendant huit mois.

Ces murs de soutènement ne semblent pas avoir été maçonnés. Le liquide pouvait, dès lors, filtrer à travers les joints, se répandre dans diverses directions, en diminuant ainsi sa force primitive et l'intensité de sa poussée.

Près de la source d'Aïn el Anseur, on voit les restes d'un barrage de béton, établi dans le lit même de la rivière. La base existe encore, malgré les années écoulées et le courant perpétuel des eaux; mais la partie supérieure de l'ouvrage a été détruite soit par la nature, soit par les hommes qui, abandonnant l'aqueduc romain, ont creusé un fossé (saguia) pour conduire une partie des eaux vers les jardins et les moulins de la mechta ou village de Djemila.

Il n'y a point d'autres barrages dans le lit de l'oued Guergour ni dans les ravins.

L'aqueduc romain commence en ce point. Son lit, de forme creuse, peut mesurer de 0 m. 20 à 0 m. 30 de diamètre. Il semble avoir été voûté en solide maçonnerie. Il apparaît près de l'ancienne caserne en ruines, construite en 1839, et il se dirige vers les Thermes. De là, des canalisations devaient distribuer l'eau à travers la ville[1].

Dans tout son parcours, il côtoie la montagne parallèlement à la rivière de l'oued Guergour.

Les environs de Djemila sont à pentes abruptes. Il n'y a donc pas lieu de croire que cet aqueduc ait eu d'autre but que d'alimenter d'abord les habitants et d'arroser ensuite quelques jardins; il ne pouvait servir à irriguer de vastes cultures.

XVIII

TRACES DE TRAVAUX HYDRAULIQUES ANCIENS DANS L'ARRONDISSEMENT DE PHILIPPEVILLE.

NOTICE DE M. CHABASSIÈRE.

(Carte d'ensemble, fig. 5.)

1° **Vallée du Saf-Saf.** — A. *El Arrouch* (fig. 6). — A 450 mètres sud-est du village, à 92 mètres au-dessus de la mer, dans l'ancien caïdat des Beni Mehenna, se trouvait un immense réservoir naturel qu'en 1864 nous avons pu visiter, en compagnie de M. le colonel Séroka.

Des pans de murs, des débris de constructions, des traces de canaux indiquaient alors, d'une façon indiscutable, qu'un travail hydraulique très important avait été exécuté sur ce point.

[1] Près du forum, on voit encore une fontaine romaine, bien conservée : Gsell, *loc. cit.*, p. 245 et pl. LXVII.

MER MÉDITERRANÉE
Collo
El Milia
Philippeville
St. Charles
St. Antoine
Gastonville
Robertville
Jemmapes
Valée
Damrémont
La Robertsau
Gastu
Café Maure

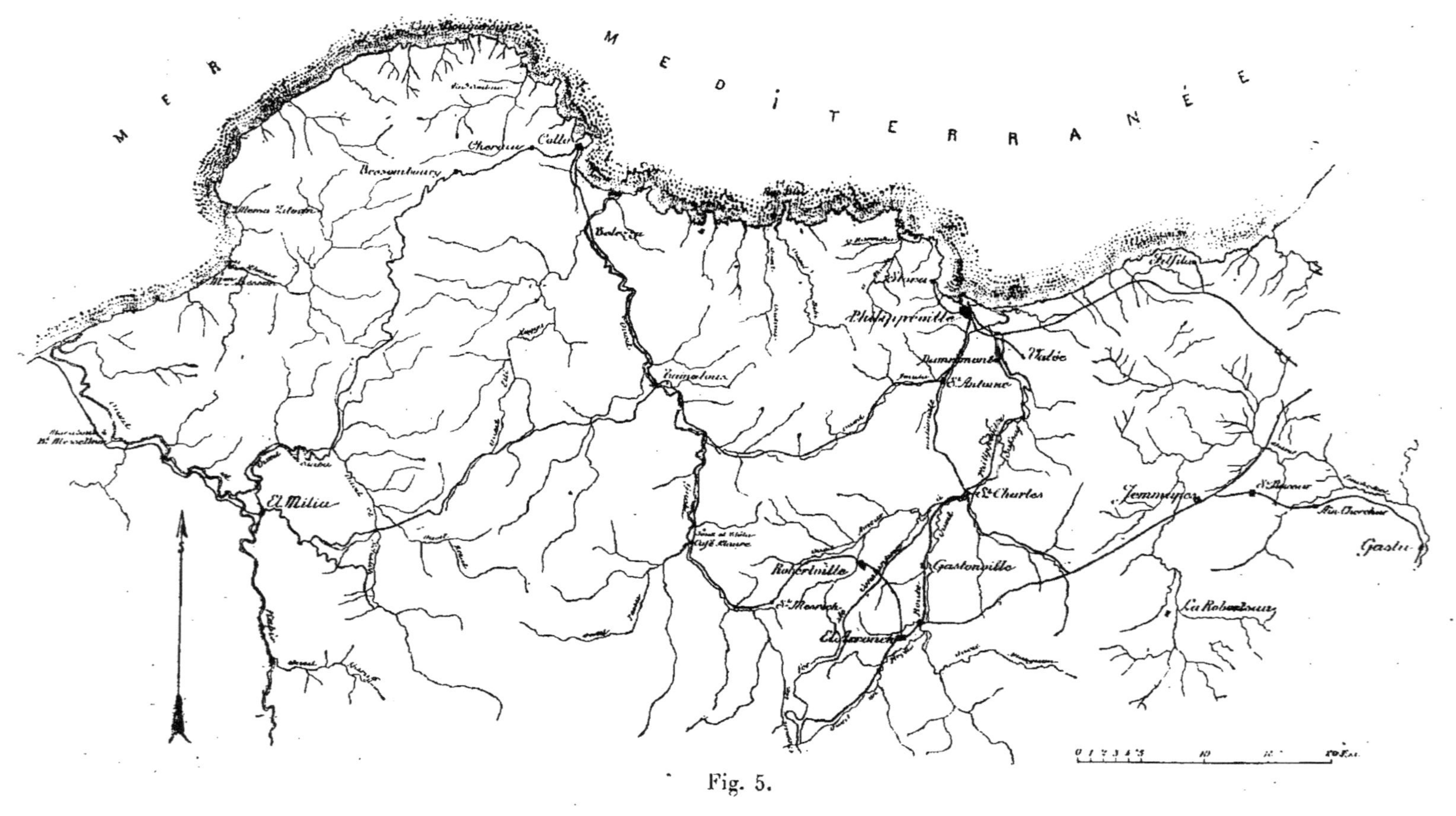

Fig. 5.

M. Vignard, chef du bureau arabe départemental, et M. Barnaud, propriétaire de la ferme qui domine la vallée et du moulin placé sur l'oued Saf-Saf, suivirent les traces de ces canaux, bien romains, sur les deux rives, dans les flancs rocheux du djebel Deïrah et du M'souna ; nous-mêmes les avons vus.

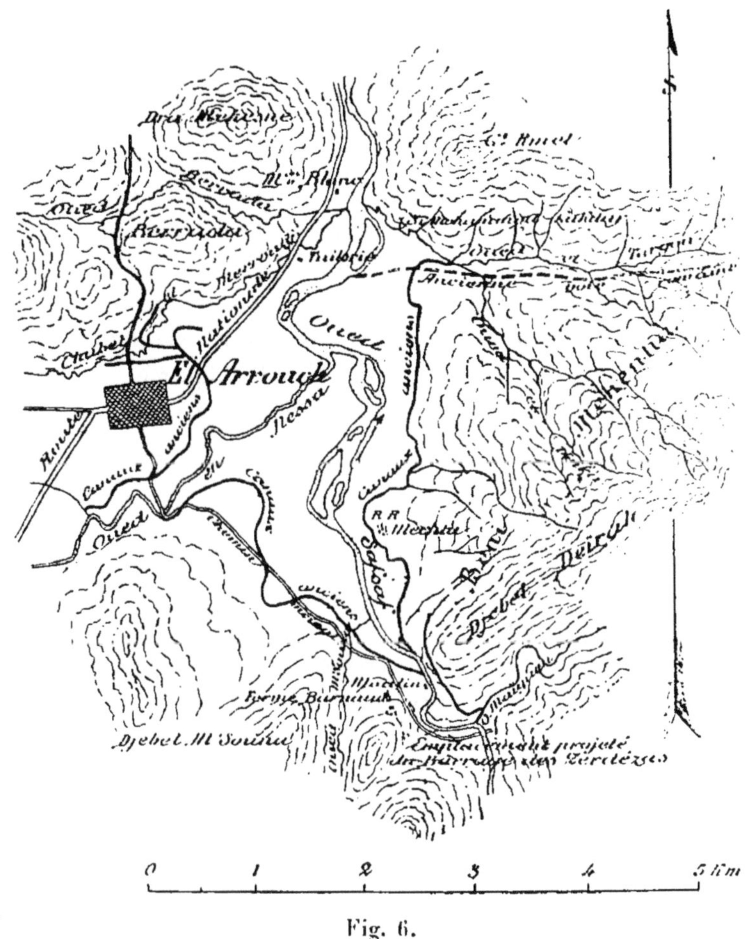

Fig. 6.

A partir, un peu en amont même, du moulin Barnaud, le lit de l'oued Saf-Saf n'est plus qu'un amoncellement de roches, à travers lesquelles les eaux forment une série de petites cascatelles ; en s'enfonçant peu à peu dans les gorges, l'oued Saf-Saf se rétrécit et passe bientôt entre deux arêtes rocheuses, qui permettront l'exécution du grand barrage des Zerdézas, lequel contiendra l'eau des torrents et en régularisera la distribution aux usagers.

A part l'élévation du mur de ce barrage, nous n'aurons fait ici qu'imiter nos devanciers, qui, bien certainement, commençaient là la répartition des eaux d'un bassin hydrographique d'une étendue considérable.

Sans rien préciser ici, où les terres ont été bouleversées par la charrue française, on peut assurer que la surface arrosée sur le territoire d'El Arrouch et les deux rives dépassait 600 hectares et que les canaux avaient un développement d'environ 12,000 mètres. Sur la rive droite de l'oued Saf-Saf, ces canaux se terminaient à une petite distance de la djemâa Si Mohammed Lakdar, à la voie romaine, bien visible, qui, sur ce point, traverse perpendiculairement la rivière et la vallée et va de l'est à l'ouest, en remontant l'oued Targou et le chabet Mechta el Fedj. Sur la rive gauche, on voyait des restes de canaux au nord et au nord-ouest de la ferme Barnaud et dans le voisinage du village d'El Arrouch.

B. *Entre El Arrouch et Saint-Charles* (fig. 7). — Dans le bassin général du Saf-Saf, nous considérons comme appartenant au régime particulier des eaux de Saint-Charles une longueur d'environ 20 kilomètres, partant au nord de l'arrêt du chemin de fer P.-L.-M. (Saf-Saf), altitude 27 mètres, en face la ferme Bontus, jusqu'à la maison Blanc, altitude 77 mètres, au sud, où, selon nous, se trouvait le grand barrage de tête dont on ne voit plus aucune trace certaine.

De nombreux ravins et rivières secondaires apportaient leurs eaux au Saf-Saf, en contre-bas des splendides versants boisés des Ouled Atid. Des vestiges de canaux se retrouvent encore (par tronçons) sur les deux rives, preuves certaines des irrigations faites autrefois dans ce pays.

La pente moyenne de ces canaux était de 1 millimètre et demi par mètre; celle de la rivière est de 2 millimètres et demi sur les 20 kilomètres de son parcours.

A environ 500 mètres en contre-bas de la djemâa Si Mohammed Lakdar (voir fin de la description de la vallée d'El Arrouch), et de la bifurcation de l'oued Targou, à cheval sur le Saf-Saf et l'oued Berada, au pied du coudiat Mekesne, se trouve la place bien marquée d'un ancien barrage, qui devait retenir une quantité considérable d'eau, si l'on en juge par une levée fort importante, très droite sur plus de 500 mètres de longueur. Cette levée, ou digue, formait la naissance du canal principal portant les eaux à Gastonville, où se trouvait un village romain à cheval sur la voie de Rusicade à Cirta.

La canalisation sur les deux rives a laissé, avons-nous dit, des

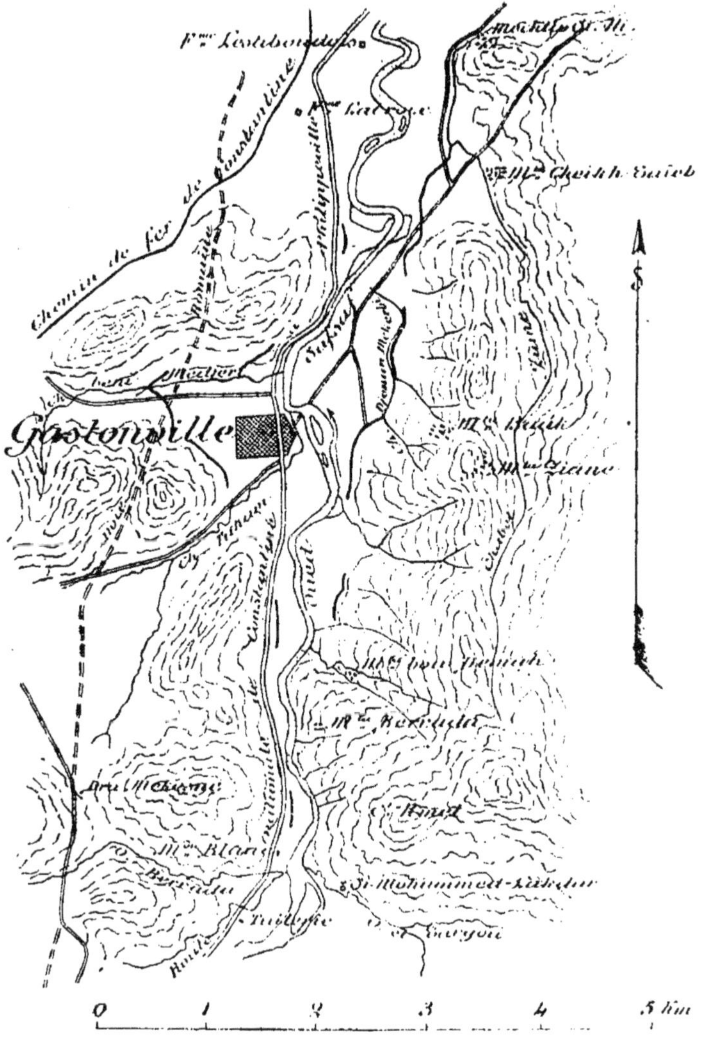

Fig. 7.

traces bien marquées : rive droite, 8,300 mètres jusqu'au tournant de la mechta Si Ali; rive gauche, 5,300 mètres, jusqu'aux jardins. L'ensemble des canaux irriguait environ 360 hectares.

Les ruines de constructions romaines sont assez rares dans cette partie du bassin; néanmoins, on en trouve encore quelques-unes dans le lit de la rivière qui les roule et les emporte aussitôt que l'action du temps et les glissements les détachent du sol, pourtant peu incliné.

Le chabet Djenan Mekerbi n'est pas autre chose qu'un ancien canal de la rive droite, que les eaux des pluies et le Saf-Saf lui-même ont transformé en ravin sur 1 kilomètre.

C. *Saint-Charles* (fig. 8). — Au sud-est de Saint-Charles et à 50 mètres d'altitude au-dessus de la mer, c'est-à-dire à la bifurcation des rivières oued Ksob et oued Haddarat, tout près d'un ancien moulin arabe, on trouve un système d'aménagement des eaux d'un grand bassin hydrographique.

En 1885, avec MM. Martial et Guillaume Ramonaxo, propriétaires du domaine situé à gauche de la route de Jemmapes et de la rivière, nous avons reconnu et suivi dans le ravin principal (oued Ksob) d'anciens canaux, bien visibles encore, autour de la mechta Zoubia.

Le barrage laissait peu de traces, la rivière ayant détruit les berges; une partie des pierres de cet ouvrage a d'ailleurs servi à la confection de la route.

Sur la rive gauche, dans un flanc broussailleux et boisé, s'accuse encore très nettement l'ondulation des paliers ayant supporté, au pied du coudiat Arioura, les canaux qui contournaient la plaine. Mais en cet endroit les propriétaires précités ont planté de la vigne, détruisant au fur et à mesure, autant que nous avons pu le voir, tout ce qui se retrouvait alors des anciens conduits, arrachant les seuils des vannes que le temps avait laissés en place, etc.

Le canal de la rive gauche de l'oued Ksob n'avait que 2,700 mètres de longueur et il n'irriguait que 100 hectares. Il en était tout autrement de celui de la rive droite, où des traces, bien que peu visibles, sont encore faciles à suivre et à relever en contre-bas du mamelon Saoudi; il desservait plus de 250 hectares et avait 5,800 mètres de longueur. Ses traces se retrouvent autour de l'oued Guergour, du chabet Dar Ydri, de la mechta El Mefrouk; on les lit nettement et on acquiert la preuve qu'il a été utilisé jusqu'au chabet oued Tgarab, un peu au-dessous de la grande ferme Saoudi.

Le réservoir de tête devait contenir 3,600 mètres cubes d'eau, et nous avons pu, en remontant l'oued Ksob, très encaissé au-dessus

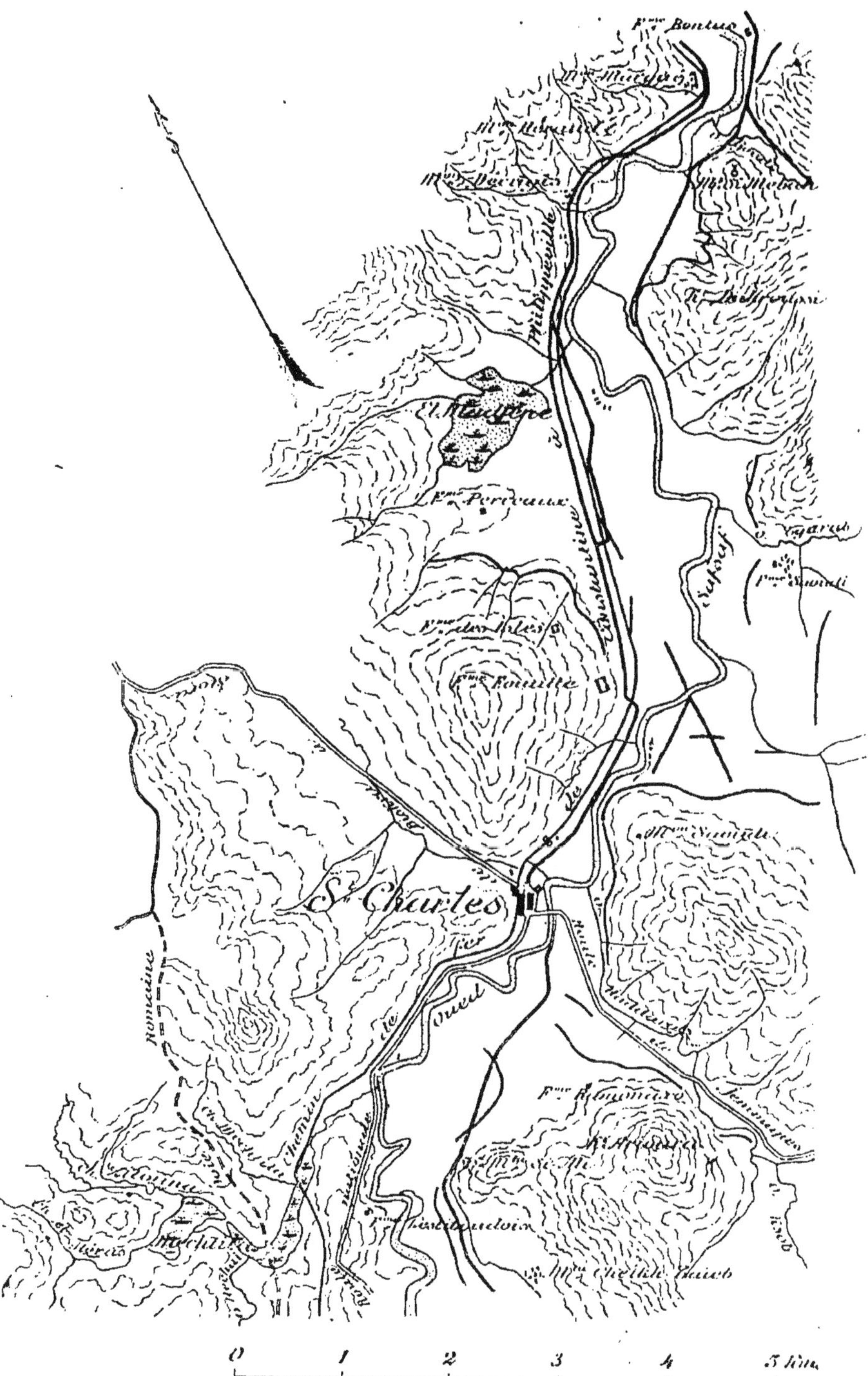

0 1 2 3 4 5 km

Fig. 8.

de l'oued Saker, deviner un assez grand nombrede traces de petits barrages secondaires échelonnés dans la broussaille.

Transportons-nous maintenant à l'ouest de la ferme Lestiboudois, près de la route nationale Stora-Biskra, au confluent de plusieurs ruisseaux qui remplissent d'une façon presque permanente une cuvette formant une S gigantesque de près de 3,000 mètres de longueur; cette cuvette vient se déverser et porter ses eaux dans l'oued Saf-Saf, après avoir été coupée par la ligne ferrée P.-L.-M., à l'altitude de 42 mètres au-dessus de la mer.

Il y a eu là un immense réservoir (ou un étang naturel), qui a été aménagé pour recevoir environ 225,000 mètres cubes et qui venait desservir la rive gauche du Saf-Saf jusqu'à El Madjène (nouveau réservoir), après avoir arrosé les terrains bas des fermes Fouatte, des Iles et Perceaux.

Ces irrigations portaient sur environ 250 hectares et exigeaient 6,450 mètres de canaux.

Nous devons à la vérité de dire que tous les matériaux du barrage établi en bas du réservoir de Mechtita ont été utilisés par le service de la construction du chemin de fer et par celui des ponts et chaussées pour la route nationale.

Au début de l'ocupation, et, plus tard, en construisant la ferme Fouatte, on a retrouvé des emplacements de vannes de distribution et quelques parties de canaux encore bien conservées. Les travaux faits à la terre depuis cette époque l'ont nivelée au point de ne plus rien laisser des anciens travaux hydrauliques.

En contre-bas des fermes Décugis, Héraud, de Marqué, le chemin de fer, la route et la colonisation n'ont rien laissé non plus de tout ce que nous avons pu voir en 1857 ou 1858, et qui était bien la suite d'un très grand canal d'irrigation, dont la prise se trouvait à 900 mètres environ au nord du lac El Madjène.

D. *Plaine du Saf-Saf, partie basse* (fig. 9). — Il y a tout au plus une vingtaine d'années, un système complet d'irrigations, admirablement disposées, relevé comme canal sur plus de 9 kilomètres par les services de la topographie et de la guerre, était visible dans la vallée nord du Saf-Saf, depuis la ferme du Caïd jusqu'à la ferme du comte Landon.

L'altitude à la ferme du Caïd est de 8 mètres au-dessus de la mer.

Ce système, qui arrosait 350 hectares, n'était que le deuxième

Mer
Méditerranée
Philippeville
Valée
Dunes de sables
0 1 2 3 4 5 Km

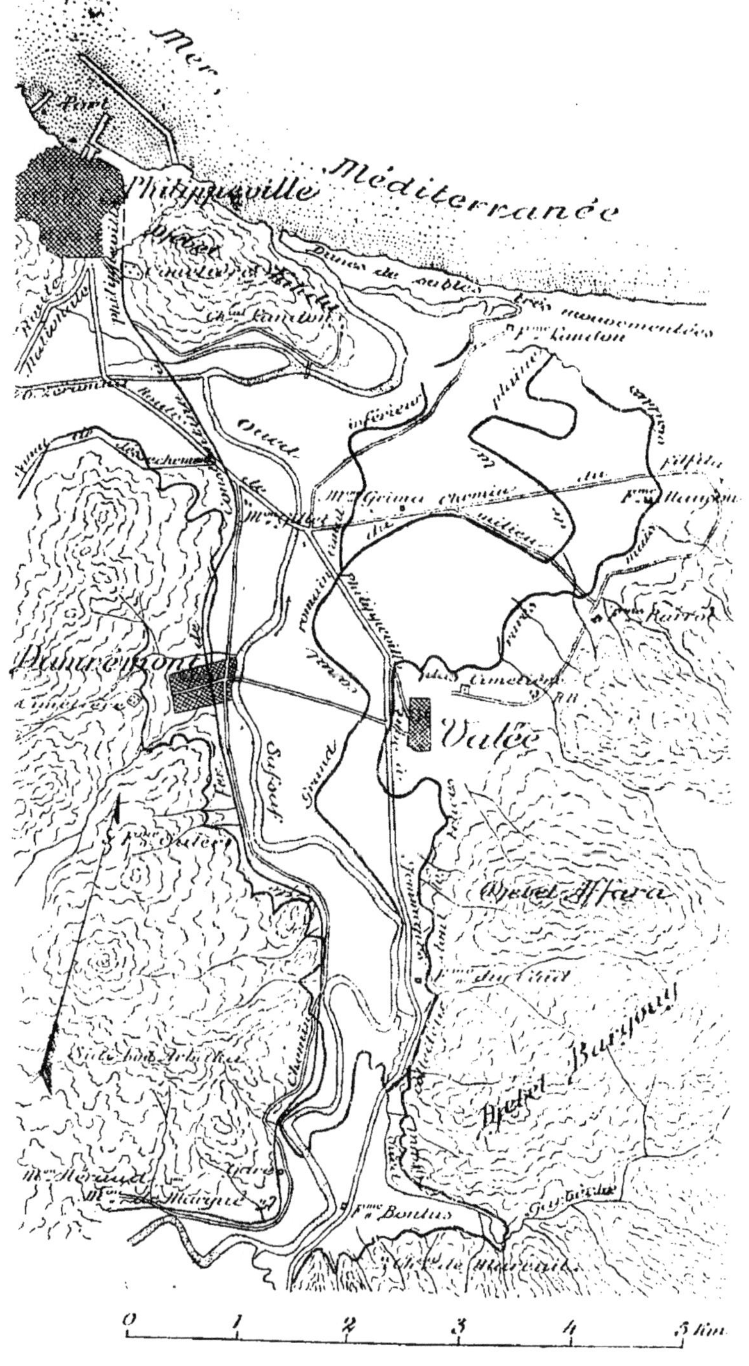

Fig. 9.

étage d'une canalisation beaucoup plus importante laquelle, selon nous, partait de la ferme Boutus (lit de la rivière), 14 mètres au-dessus de la mer, après avoir reçu, outre les eaux du **Saf-Saf**, tout le contingent de celles de l'oued Goudi et des versants du djebel Halia.

Elle contournait la petite vallée de l'oued Garbèche, après avoir arrosé le pied de la propriété et le château de Mareuil, où de nombreuses pierres de ruines ont été employées; elle suivait les contreforts du djebel Affara, auprès du village de Valée qu'elle contournait jusqu'au cimetière; puis elle atteignait, en suivant, à très peu près, l'horizontale du terrain, la ferme Barrot et la ferme Nanson, tout près d'une source.

Entre les deux canalisations, il y avait plus de 300 hectares de terres irrigables, ce qui, pour les deux canaux de la rive droite, faisait 600 hectares.

Sur la rive gauche, côté Damrémont, des canalisations que tous ont vues, il y a vingt-cinq ou trente ans, ont été comblées par les défoncements à la main et à la charrue.

Les dessèchements faits en 1840-1842 dans les plaines du Zéramna et du Saf-Saf ont été certainement un grand bien pour le pays, mais, comme toujours, ils ont eu pour résultat de bouleverser à peu près complètement les admirables travaux de nos devanciers.

2° **La Grande Plage.** — Chez les Ouled Nouar, au nord-ouest de Philippeville et à environ 9 kilomètres par mer, 150 hectares de belles terres avaient aussi été irrigués par des travaux romains, à la Grande Plage, entre l'oued Akmès et l'oued Harraka.

Un barrage naturel, formé de roches en place, prenait l'eau de l'oued Harraka à la bifurcation de l'oued Dakla.

Le réservoir n'était pas d'une bien grande contenance, quelques centaines de mètres seulement, mais, comme l'eau du Kef Sdeder est assez abondante, il y a lieu de supposer que ce bassin ne servait qu'à régler la distribution à la vanne de prise.

A part les traces certaines de canalisation que nous avons remarquées au pied et dans le jardin même de la maison Adolphe et qui ont été ici encore bouleversées par la création de la vigne, on ne voit nulle part aucun autre vestige.

Sur la rive droite de l'oued Akmès, auprès du Kef en Nador et du Kef el Hassi, nous en avons rencontré d'autres, appartenant au système spécial des irrigations de l'Akmès, qui devait être beaucoup plus important.

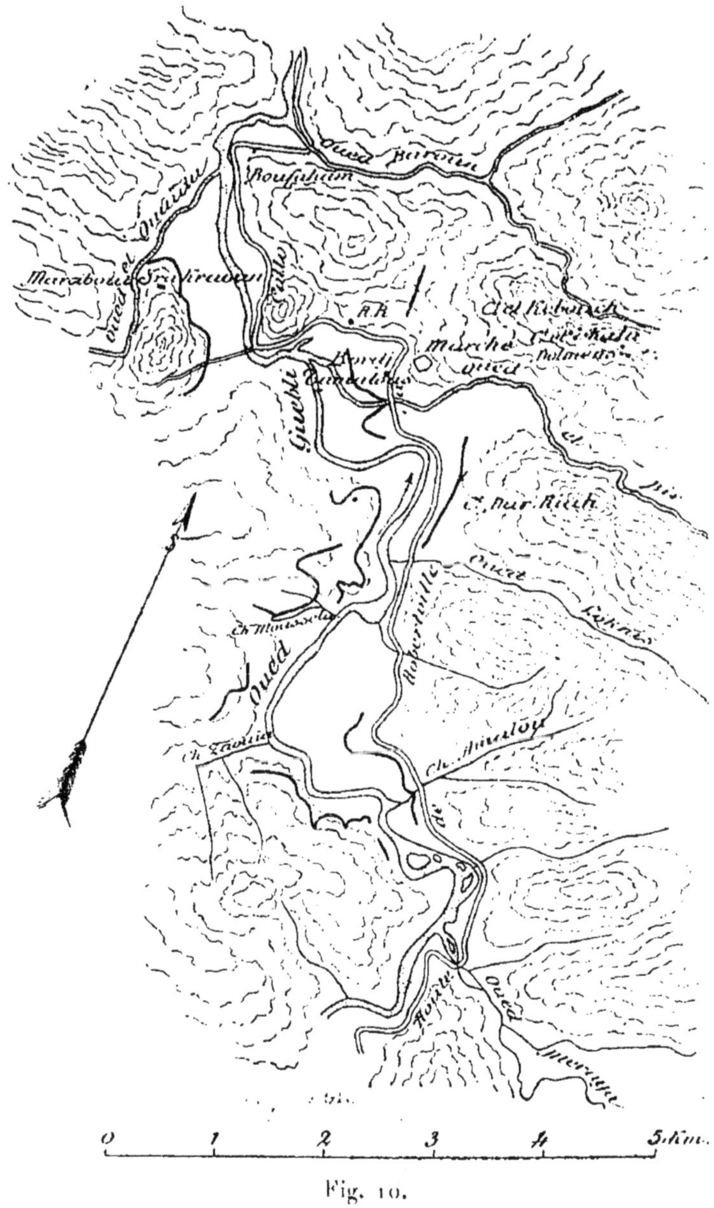

Fig. 10.

Le canal de l'oued Harraka n'avait pas tout à fait 1 millimètre par mètre de pente.

3° **Vallée de l'oued Guébli.** — Avant de décrire les travaux hydrauliques importants de la vallée de l'oued Guébli, il convient de dire quelques mots des nombreux petits canaux d'arrosage faits par les Arabes, à droite et à gauche de la rivière, en bas de la route de Collo, à Hadjar el Abiod (souk Tléta), au café maure, à Dar bou Ali, à El Azerez, à Bordj Kermela, à Sellag, à Bouïla et à l'oued Mraïa : soit sur une longueur de 10 kilomètres, depuis l'altitude de 92 mètres au-dessus de la mer à 75 mètres en contre-bas.

Ces canaux, dont beaucoup sont déjà détruits, ont dû suivre en partie la canalisation ancienne dont, il faut l'avouer, on ne retrouve plus aucune trace.

A la bifurcation de l'oued Guébli avec l'oued Meraya, se trouve la tête des irrigations romaines (voir fig. 10); elles sont suffisamment déterminées par l'emplacement d'un vaste barrage qui formait un réservoir immense au-dessus du marais situé sur la rive gauche, en face le chabet Amalou.

C'est à partir de cet endroit que le terrain s'élargit et qu'il s'aplanit, sur la rive droite surtout, au-dessous des très nombreuses déchéras du Dekana, du Kef en Nça, du Ras Abdallah et de Nemcheta, jusqu'à l'oued Loknis (2,400 mètres). Le système hydrographique déversant les eaux de ce côté permettait ici l'irrigation de plus de 400 hectares.

Sur les berges de la rive opposée, jusqu'au delà du chabet Moussela, c'est-à-dire avant le grand et brusque coude de l'oued Guébli, on peut, sur bien des points, suivre le terrain sur lequel étaient assis les canaux, à 10 et même 12 mètres au-dessus de la rivière, dont le lit est à 40 mètres d'altitude.

Nous pouvons estimer à plus de 5,000 mètres la longueur développée de ces canaux, et, bien que nous n'ayons pas pu étudier méthodiquement le sol au sud et à l'ouest du bordj de Tamalous, nous sommes à même de fixer, sans chance d'erreurs, à au moins 1,000 hectares les parties susceptibles d'irrigations.

A 1,400 ou 1,500 mètres au sud de Collo, se déroule la magnifique plaine de Telezza (voir fig. 11), couverte d'une belle végétation; elle forme un grand triangle très allongé, qui va de la ferme du Sanglier, en suivant la mer, jusqu'à Sidi Ali Ben Zouït, — de là, à la petite plaine des Atèques, — enfin, revient par l'oued Boutouk et l'oued Cherka à son point de départ (ferme précitée).

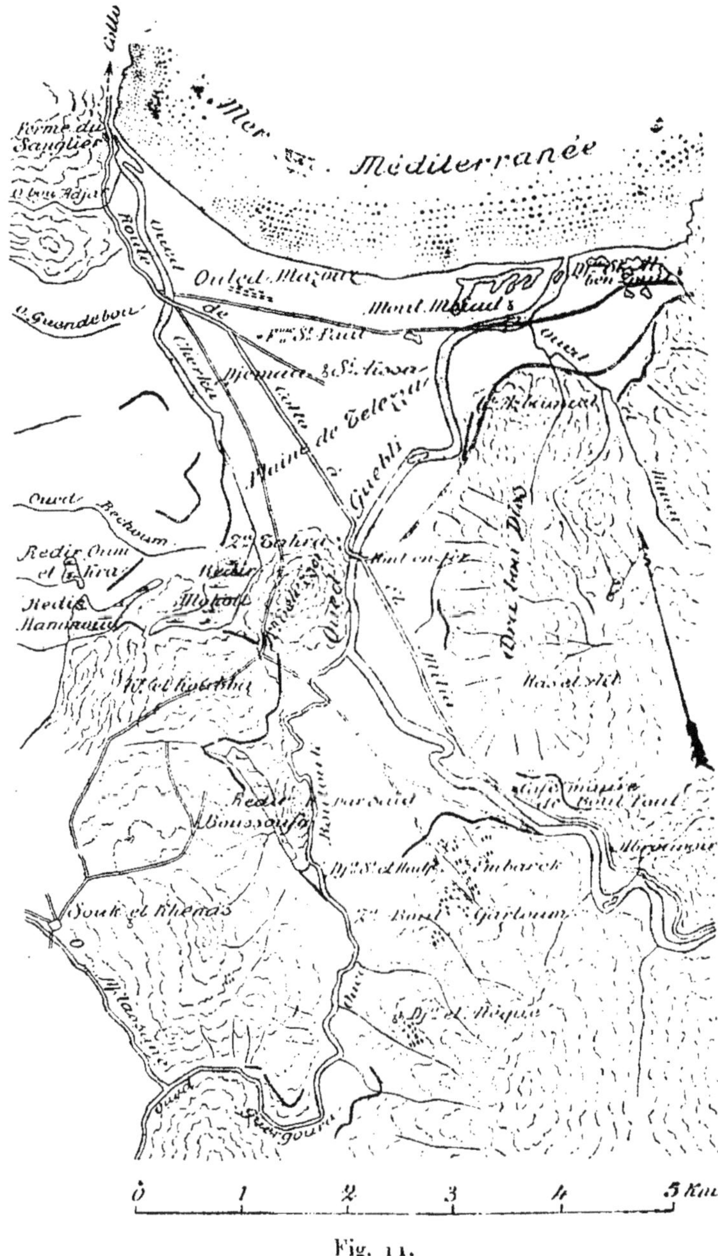

Fig. 11.

C'était à la ferme du Sanglier que finissaient les irrigations de la rive gauche de l'oued Guébli, au moyen de l'ancien canal romain.

devenu oued Cherka par suite des affouillements qui se sont produits en plaine.

Les eaux ont certainement passé autrefois entre le mamelon de Telezza et le coudiat El Koubba, dans un petit col. Les traces des anciens canaux de l'oued Boutouk ou oued Guergoura sont visibles en contre-bas de la zaouïa Tahir, où se trouvait le barrage (20 mètres d'altitude), adossé au coudiat El Halla; l'élévation de l'eau, de 5 mètres au-dessus du lit, permettait de contourner le djebel Beraïda, le coudiat Dar Saïd et le coudiat El Koubba, dont le col ne dépassait pas la cote 20 mètres au-dessus de la mer.

Cette partie comprenait environ 450 hectares de terres irrigables.

La tête du barrage de l'oued Guergoura, sur la rive droite, était desservie par des canaux dont une grande longueur se lit sur le sol dans la plaine de Si Ali Cherf, où ils rejoignaient l'oued Guébli à 2 kilomètres au-dessus du confluent, à peu près en face du café maure de Boul Foul.

Le barrage de l'oued Guébli n'a pas laissé de traces apparentes; il devait se trouver un peu au-dessus du café et peut-être de l'abreuvoir. Sa fonction, sur la rive droite, consistait à envoyer l'eau d'irrigation dans le canal qui longeait le pied du Dra Bou Diss et du coudiat Azbaouet, et se continuait jusqu'à la djemâa Si Ali Ben Zouït, après avoir traversé l'oued El-Ahmar, en bas de la zaouïa du même nom. La surface arrosée était ici de 200 hectares; les canaux pris ensemble pouvaient avoir un développement de 12,000 mètres.

4° **Vallée de l'oued El Kébir.** — A. *Région au nord du confluent de l'oued El Endja* — Après avoir reçu l'oued El Endja au-dessous de Sidi Mérouane, à 10 kilomètres environ au nord de Mila, le Rhumel prend le nom d'oued El Kébir.

Les anciens avaient établi, sur cette rivière, entre le djebel Zouagha et le kef Maïdor Aïcha, contrefort des Mouïas, un barrage énorme et un bassin, un lac presque, sur lequel des barques circulaient, car on voit encore à une assez grande hauteur, scellés dans la roche, les vestiges des anneaux destinés à attacher ces barques. De ce point à Mila, la distance, à vol d'oiseau, est d'environ 15 kilomètres.

Les deux murailles rocheuses, lisses et suintant l'humidité, s'inclinent l'une vers l'autre et couvrent le passage comme d'un dôme gigantesque, resserré à sa base et comprimant dans une sorte de couloir l'oued El Kébir, qui, après la moindre pluie, précipite en tourbillons ses eaux tumultueuses. Ce passage étroit a environ 70 mètres de longueur; c'est la mort certaine pour quiconque, après une crue des ravins voisins, tente de suivre le chemin d'El Milia. En supposant l'eau du réservoir élevée seulement de 10 mètres au-dessus de l'ancien lit, on devait avoir un volume d'eau de 1 million de mètres cubes, destinés à l'alimentation de la vallée, boisée aujourd'hui, dans laquelle de nombreuses ruines de l'occupation romaine attestent la richesse et la prospérité passées.

Huit kilomètres plus bas, on trouve Henchir el Abiod, ruines de l'ancienne *Tucca,* qui dut s'étendre sur les deux rives.

La violence parfois extrême des eaux de l'oued El Kébir n'a laissé sur ses berges aucune trace des travaux considérables qui ont été faits dans cette vallée, non encore conquise par la colonisation, sans chemin autre qu'un sentier qui, plusieurs fois, avant d'arriver au gîte, oblige à passer la rivière ou à camper sur ses bords encaissés et toujours menaçants.

L'irrigation ancienne de cette partie resserrée de l'oued El Kébir ne dépassait pas 250 hectares, avec 6,000 à 7,000 mètres de canaux.

B. *Région d'El Milia.* — Les environs d'El Milia renferment un assez grand nombre de ruines romaines, bien apparentes, mais encore inexplorées. On en voit même autour du village. Nous citerons en particulier celles d'El Médina, dans la plaine, à environ 1,500 mètres du bordj; quelques coups de pioche au milieu des débris exhumeraient, nous le croyons, des documents peut-être importants.

Il y a encore d'autres ruines en contre-bas et au nord-ouest de la déchera Cheurfa. C'est en amont de ces dernières ruines, à Amzioune, peut-être en face de la mechta Bou Zin, que devait se trouver, à 26 mètres au-dessus de la mer, le barrage formant tête du canal d'irrigation.

L'examen du sol ne nous a, du reste, rien révélé de certain à cet égard, la rivière ayant plus d'une fois modifié son lit.

Les traces de canalisation ne font pourtant pas défaut en aval. On en rencontre sur vingt points : au Palmier, près du gué, sur l'oued Siaba, à la mechta Tenfedour, à El Bahari, à Afalaz, à

Cheurfa, en bas de la mechta Si Addar, au marais d'Aïn N'sel, non loin du chemin de grande communication de Djidjelli à El Milia.

Nous n'avons vu ni tuyaux, ni vannes, ni même de maçonneries spéciales, mais, dans les parties plates de l'oued Tassif, de l'oued Kniba, et enfin de l'oued Naddeur (Aïn-N'sel), divers points reconnus suffisent pour dire très nettement qu'étant en contre-bas des prises spéciales, les eaux des trois rivières pouvaient largement donner la vie aux 600 hectares de belles plaines (hélas, bien maigres aujourd'hui) que la vallée enfermait autrefois. Nous ne pouvons guère, même approximativement, dire ce qu'était la canalisation sur ce point; nous avons pourtant déchiffré deux séries de canaux, les uns supérieurs à grande section, les autres inférieurs à section plus petite et à pente plus rapide.

Si l'apport de milliers de mètres cubes de graviers, de galets et même de blocs énormes a complètement modifié l'aspect général de cette vallée, toute ondulée, on peut cependant, en calculant le développement au pied des mamelons environnants, connaître le chiffre approximatif des travaux hydrauliques anciens qui ont été faits pour les canaux de premier ordre : nous l'estimons à 12,000 mètres environ.

C. *Région de Bordj el Anseur.* — Le grand encaissement de la rivière, entre Beni Sidoun, Théra di Habah et le pied des montagnes, non loin du chabet Iakalé (moulin arabe), nous paraît (sans pouvoir cependant le certifier) avoir été l'emplacement d'un barrage, qui, par les canaux lui faisant suite, distribuait les eaux sur les deux rives de l'oued El Kébir, jusqu'au chabet Bel Guidoum, à droite, et l'oued Bou Ahmar, à gauche[1].

Le barrage de l'oued El Kébir ne servait pas seulement à l'irrigation de 150 à 125 hectares de plaines, encaissées, mais très riches; il avait peut-être encore pour mission d'alimenter le réservoir dont il va être question.

D. *Plaine inférieure de l'oued El Kébir.* — Cette plaine, d'environ 1,500 hectares, commence aux dolmens et à la djemâa des Beni Messellem et elle va jusqu'aux dunes du littoral. On peut la signaler à l'attention, non pour sa richesse actuelle qui est fort médiocre, mais pour les traces non équivoques de petites et de grandes

[1] Voir la carte au 1/50,000, feuille d'El Milia.

Mer Méditerranée
Bled el Kikeba
Kantara
Oued el
Oued
Kebir
Route de Djidjelli à El Milia
Dolmens
Djemâa
Marabout
O. el Kebir
0 1 2 3 4 5 Km

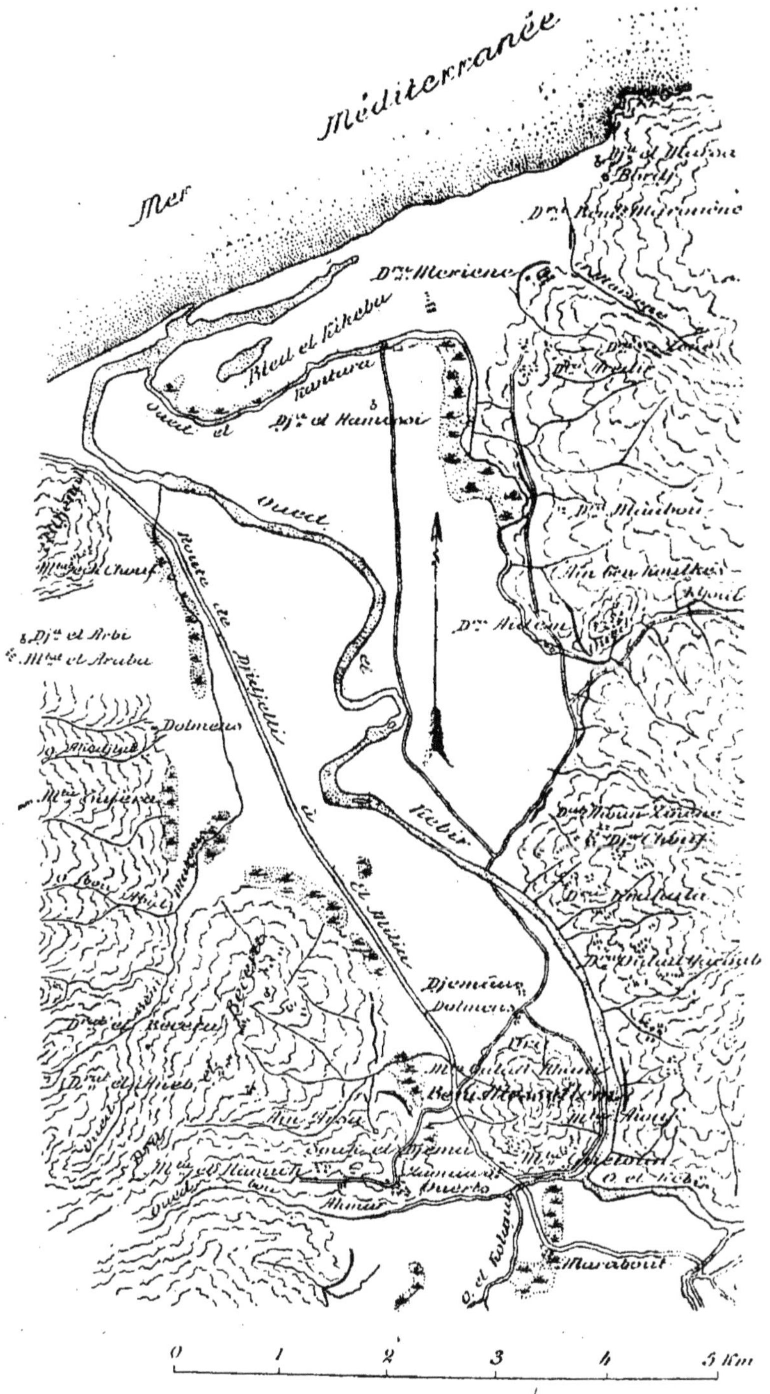

Fig. 12.

conduites d'eau, que le temps et les inondations de l'oued El Kébir ont transformées en des bas-fonds (voir fig. 12).

Le barrage qui alimentait les grands canaux de cette plaine avait sa place à la mechta Guetoun ou à El Aïouf, dans la gorge rocheuse et étroite qui ferme le passage de la rivière, un peu au-dessous du confluent de l'oued El Kébir, de l'oued Kotana et de l'oued Bou Ahmar; sa hauteur, en ce point, devait être très grande et le bassin-réservoir pouvait facilement, sans grandes dépenses, être fermé jusqu'à la zaouïa Sidi Ouertz.

Les canalisations principales n'avaient pas moins de 18,000 mètres de développement sur les deux rives.

A l'endroit du barrage présumé, le lit de l'oued El Kébir était à 10 mètres, et l'on pouvait sans la moindre difficulté élever l'eau à la cote 22 mètres, ce qui permettait l'irrigation complète; l'eau, passant ensuite entre les dolmens et le marabout, se répandait sur toute la rive gauche.

Quant à la rive droite, d'anciens canaux (modifiés par les indigènes, mais dont beaucoup sont du système ancien) suivaient les flancs des montagnes jusqu'à l'oued Adjoul, contournaient le pied sud du djebel ou Aïdem, le Dra Màabou jusqu'à l'oued El Kantara et même jusqu'aux décheras Mériène et Beni Marouène.

Le peu de temps dont nous disposions ne nous a pas permis, lors de l'établissement de ces notes (en 1887), de faire, au point de vue purement archéologique, les recherches minutieuses qui auraient été nécessaires.

5° **Vallée de l'oued Zhour.** — Sur l'oued Zhour, autour de Souk el Arbâa et à 1,000 mètres environ à l'est, on trouve la place naturelle d'un barrage dans la vallée que domine au nord le marabout Taouret Temoun; les berges, parfois très encaissées, de la rivière la tiennent étroite et comme gênée, mais bientôt la vallée s'élargit au point d'avoir jusqu'à 13,000 et 14,000 mètres en face de l'oued Bessal et de l'oued Takaïne; puis le rétrécissement du marais s'augmente à nouveau jusqu'à la mer, au lieu dit El Mersa (près l'usine), qui fut jadis un petit abri pour les barques romaines et qui renfermait une réserve d'eau douce.

Il y avait 400 hectares irrigables sur la rive gauche de l'oued.

Cette plaine, aujourd'hui marécageuse, n'a pas moins de 4,500 mètres dans le sens (est-ouest) de la longueur. L'eau de l'oued

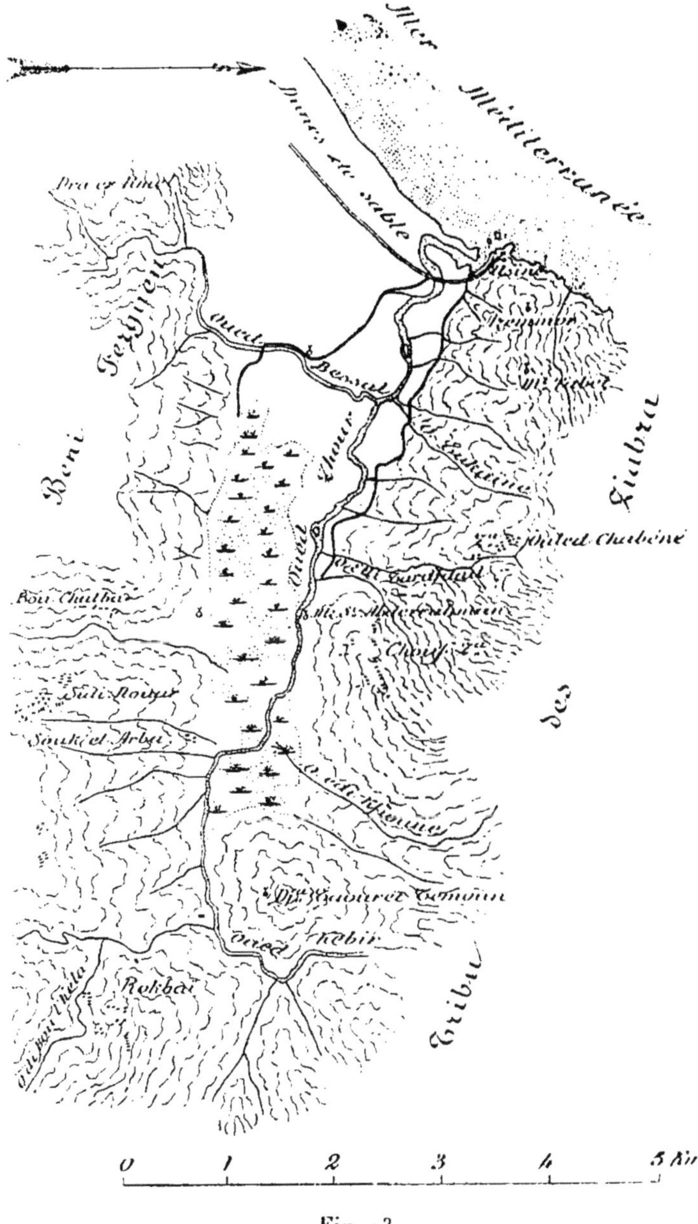

Fig. 13.

Zhour et de ses affluents suffisait amplement aux besoins de l'irrigation.

Les versants du djebel Ziabra et du Goufi peuvent fournir très largement en eau d'irrigation le volume nécessaire à la plaine de l'oued Zhour.

Très visibles sont les traces des canaux anciens en amont de Souk el Arba, sur environ 1 kilomètre; le reste, jusqu'aux derniers chaînons du djebel Er R'mel et jusqu'à la source voisine de l'oued Bessal, a en partie disparu, noyé par le marais, un peu boisé, qui s'étend au pied des contreforts nord-est des Beni Ferguen (voir fig. 13).

La canalisation totale ne devait pas avoir moins de 8,000 mètres de longueur. Ce coin de terre, si on le voulait, retrouverait bien vite sa prospérité et sa richesse d'autrefois.

XIX

CONDUITE D'AÏN YOUDI

(Commune de Condé-Smendou, département de Constantine).

NOTE DU MAIRE.

Il existe encore au lieu dit Aïn Youdi (douar de Medjabria) les vestiges d'une conduite romaine, s'étendant à découvert, sur une longueur de 1,000 mètres environ.

Cette conduite a été construite en pierres de taille d'environ 0 m. 60 de long sur 0 m. 50 de large et 0 m. 40 de hauteur; le radier creusé dans chaque pierre a une profondeur de 0 m. 15 environ sur 0 m. 25 de largeur.

Elle a dû être autrefois recouverte par des dalles en pierre.

XX

TRAVAUX HYDRAULIQUES ANCIENS SUR LA COMMUNE DE MILLÉSIMO.

NOTICE DU MAIRE.

Sur tout le territoire de la commune de Millésimo, on trouve des vestiges assez importants de l'occupation romaine; les ruines qui subsistent démontrent qu'il y a eu en certains endroits de riches exploitations agricoles.

Malgré la configuration et la fertilité du sol, on ne rencontre cependant nulle part une agglomération de ruines pouvant faire supposer l'existence d'une ville.

Au point de vue des travaux hydrauliques, les Romains avaient aménagé sur tout son cours, d'une longueur de 10 kilomètres environ, la rivière qui part de la source d'Aïn Cheikh (dans le douar Ouled Senane) et qui vient se jeter dans la Seybouse sous le nom d'oued Zimba (voir fig. 14). Cette rivière suit parfois des ravins profonds et très escarpés, surtout à sa sortie de la Mahouna; elle disparaît quelquefois au milieu de son lit rocheux pour aller ressortir à quelques kilomètres plus loin, où elle est alors captée pour servir à l'irrigation de jardins appartenant aux indigènes.

Ceux-ci n'ont fait que suivre l'exemple des Romains. On retrouve encore les traces des barrages construits par ces derniers, ainsi que quelques réservoirs destinés à la distribution de l'eau.

Les traces d'un premier barrage et d'un canal se voient au point marqué A sur la carte.

A 1 kilomètre environ au-dessus de la route de Sédrata à Guelma, en descendant le cours de l'aïn Cheikh, il y avait un autre barrage (B), qui devait être très important. Il était construit en bonne maçonnerie, dont les blocs compacts ont été entraînés par les eaux et sont épars çà et là dans le lit de l'oued Zimba. Il captait entièrement l'eau de la source, servant ainsi à irriguer une superficie de 15 à 20 hectares, par un canal qui arrivait à un réservoir bien construit, de 40 mètres de long sur 20 de large et 2 de profondeur. A côté de ce réservoir se trouve une grande ruine d'où M. Champ a extrait la pierre nécessaire à la construction d'une belle maison de ferme qu'il a édifiée à proximité.

A partir de ce second barrage, le lit de la rivière est à sec jusqu'à 500 mètres environ du village de Millésimo. A cet endroit, l'aïn Cheikh sort du lit de la rivière en plusieurs sources, captées aussitôt pour servir à l'irrigation des jardins de Millésimo, qui ont une superficie de 20 hectares environ. Là encore (C), les premiers colons de Millésimo ont suivi l'exemple des anciens : ils ont édifié un barrage au lieu même où les Romains avaient construit un ouvrage dont on retrouve des fragments épars.

Ce barrage amenait l'eau à une ruine importante, située près de

Commune de Petit
Oued Seybouse
Oued
Terrain
Canal
inoccupé
D
C
Sources
Village de
Millésimo
Ferme Chanu
Réservoir
B
Sources
Canal
A
Sources
Commune de Millésimo
Oued el Maïz
Source
F
Route de Guelma
Commune de Guelma
0 200 400 600 800 1000 2000 mètres

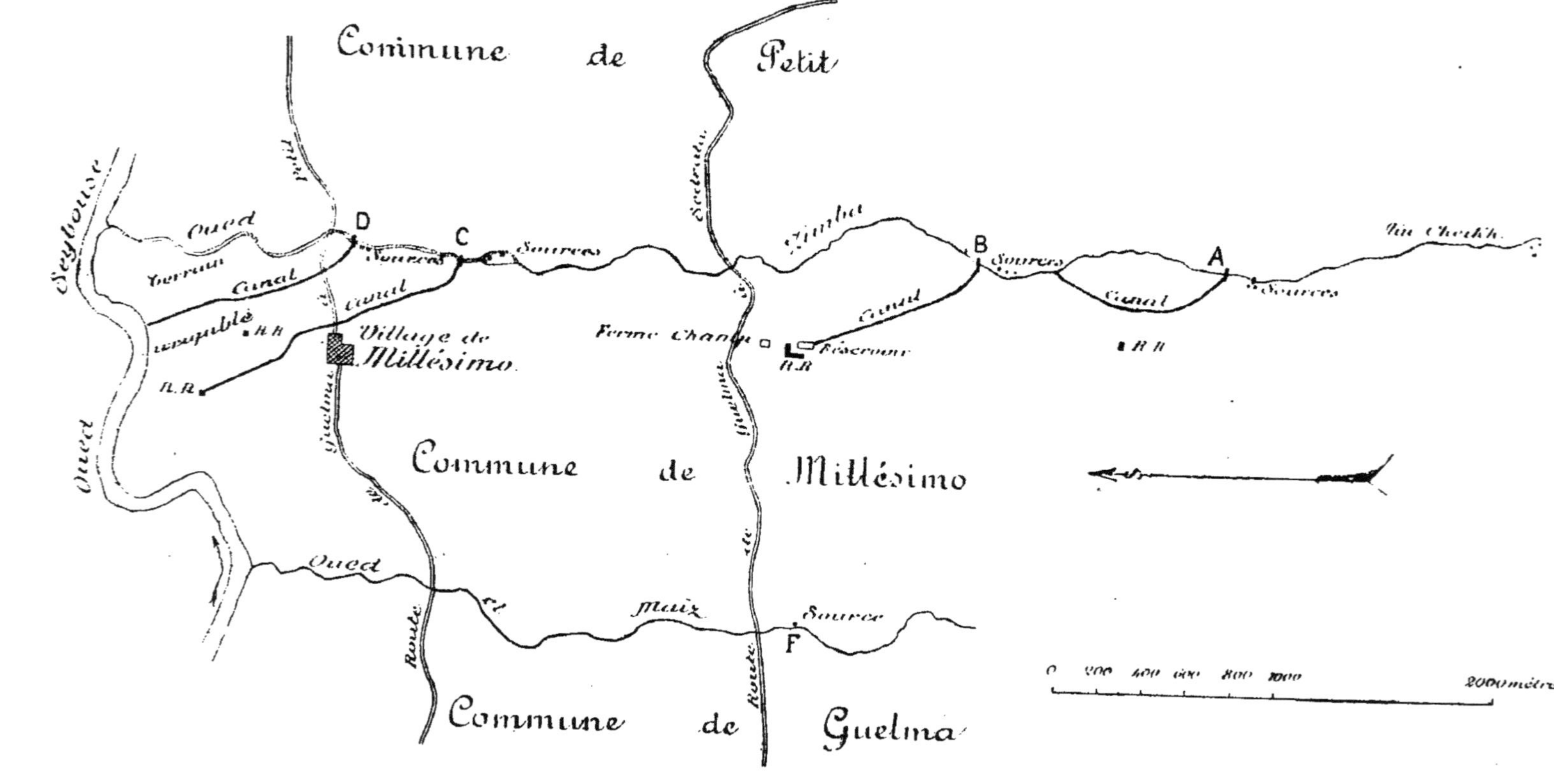

Fig. 14.

la Seybouse, après avoir arrosé sur son parcours une superficie de 20 hectares environ (partie comprise entre les deux canaux).

Un autre barrage (D) amenait également l'eau à une autre ruine romaine, après avoir servi à l'irrigation des terres comprises entre Millésimo et l'oued Zimba.

Tels sont les principaux travaux hydrauliques anciens sur le territoire de Millésimo[1].

XXI

AMÉNAGEMENT DES SOURCES DE MDAOUROUCH.

NOTE DE M. ROBERT, ADMINISTRATEUR DE LA COMMUNE MIXTE DE SEDRATA.

1° Des travaux isolés avaient été effectués par les Romains, à la source dite Aïn Mdaourouch, située au nord des ruines[2].

On remarque, en effet, à quelques mètres au nord et au-dessus de cette source, une sorte de puits d'un diamètre de 1 mètre environ. Ce puits est actuellement comblé.

A l'origine de la source on rencontre de forts blocs, attestant que des murs de captage ou des canaux de distribution avaient été établis pour l'alimentation en eau de la ville de Madaure. Les eaux de la source de Mdaourouch étaient ensuite amenées à des thermes, puis, sans doute, sur d'autres points de la ville.

2° Une deuxième source avait été aménagée par les Romains à Madaure[3]. Si l'on s'en rapporte aux murs de captage et aux quatre auges en pierres qui se trouvent près de la fontaine actuelle (entre les deux bordjs de la famille Belhouchat), cette source devait avoir un débit à peu près équivalent au débit actuel. La conduite ro-

[1] Une source dont le débit est très fort existe sur le bord de l'oued El Maïz (au point F). Elle sert à l'alimentation du village de Millésimo. On ne constate aucun vestige d'aménagement de cette source par les Romains.

[2] Conf. Recueil de *Constantine*, XXXIII, 1899, planche IX du mémoire de M. Robert (p. 230-258).

[3] Conf. planche X du mémoire cité.

maine d'amenée suivait, à peu près, la même direction que la conduite faite par l'autorité militaire française, mais elle remontait bien au-dessus en se dirigeant vers la montagne.

Le trop-plein de la source était dirigé sur la partie basse de la ville, par une conduite en pierres de taille, creusées dans leur partie médiane, de façon à former une rigole, et recouvertes de dalles.

Des vestiges sont encore apparents et permettent de juger de la disposition de cet ouvrage.

Les dimensions des auges ne laissent aucun doute sur leur destination et empêchent toute confusion avec les sarcophages traditionnels, employés par les Romains.

XXII

TRAVAUX HYDRAULIQUES ANCIENS DANS LA COMMUNE MIXTE D'AÏN MLILA.

NOTE DE L'ADMINISTRATEUR.

Sigus, qui se trouve à 25 kilomètre d'Aïn Mlila, était jadis une des principales villes de la Numidie. Les ruines romaines se voient au nord-est du village actuel, sur le coudiat El Azri.

L'oued Kleb, qui passe au sud de Sigus, est aujourd'hui à sec; on ne trouve le long de son cours aucune trace de travaux hydrauliques. Il paraît certain cependant que les Romains avaient employé les eaux de cette rivière pour les irrigations des prairies destinées à l'alimentation des troupeaux. Ces travaux d'adduction ne devaient pas être maçonnés, ce qui explique qu'ils n'aient pas laissé de vestiges.

L'alimentation en eau potable de la cité romaine de Sigus était assurée par une conduite que nous avons découverte[1] et qui devait amener les eaux de l'aïn Bel Loucif et des aïoun Kessenia, situées

[1] Sur cette conduite, conf. Gsell, *Les monuments antiques de l'Algérie*, I, p. 258.

au nord de la ville antique. Quelques sources, qui jaillissent à l'ouest, avaient également dû être captées, mais leur débit a diminué tellement depuis qu'il y a lieu de les considérer comme ne pouvant plus rendre de services.

Dans la partie supérieure de Sigus débouchait la conduite dont nous nous occupons. Nous l'avons fait mettre au jour. Construite en maçonnerie, avec radier et murettes, elle présente une section de 0 m. 20 de haut et de large, recouverte par des briques plates. Sur tout son parcours, des regards étaient échelonnés de 95 en 95 mètres environ. Nous en avons compté sept, qui étaient recouverts de dalles en pierre, de 0 m. 25 d'épaisseur, présentant un trou circulaire de 0 m. 50 de diamètre.

Sur ce trou était placé un bloc de pierre qui pouvait s'enlever facilement pour permettre la vérification des points où la conduite réclamait des réparations.

On trouve à l'est des ruines un égout parfaitement conservé; construit en pierres de taille, il est recouvert de dalles et présente une section intérieure de 1 m. 20 de hauteur sur 0 m. 60 de largeur.

Au sud de Sila, où il y a des ruines importantes, se trouve l'aïn El Anèche, source aménagée par les anciens, mais ne présentant rien de particulier.

A Taxas, les ruines romaines situées au sud-est et à 8 kilomètres de la route nationale sont assez curieuses. Elles sont placées à l'origine de l'ancienne mare de Taxas. On y aperçoit des vestiges de bassins et plusieurs puits, avec des conduites dans toutes les directions. C'était, selon toute probabilité, un établissement de bains.

On rencontre au pied du coudiat El Kéniah, qui limite au nord la plaine de Taxas, une fontaine sulfureuse appelée Aïn Kberta, qui a été aménagée par les Romains. Elle se compose de deux bassins rectangulaires, placés perpendiculairement, l'un de 3 mètres de longueur sur 2 mètres de largeur, l'autre de 6 mètres sur 2 m. 30. Une conduite, aujourd'hui détruite, existait à l'un des angles du grand bassin; elle devait amener les eaux à des ruines romaines situées à 500 mètres au sud, au point où existe aujourd'hui la mechta des Ouled Djebila.

Près des ruines de l'ancienne Tigisis, au lieu dit Aïn el Bordj, il y a une source qui porte le même nom. Cette source assez importante a été aménagée par les anciens; elle est formée de plusieurs bassins, entourés de blocs énormes [1].

A l'est de Sigus et à 4 kilomètres de ce centre, se trouve le puits romain de Bir Tendja. L'eau est peu abondante. L'aïn El Henchir, situé au nord-est de Bir Tendja, est un bassin recouvert de dalles, avec une hauteur d'eau de 0 m. 40. Le débit de cette source est assez fort.

Dans les plaines de Taxas, sur les coteaux du djebel Fortas et du Guerrioun, dans le douar des Ouled Si Ounis et dans celui d'El Hazebri, de nombreux puits romains servent à l'alimentation des gens et des troupeaux qui peuplent ces parages. La profondeur de ces puits varie entre 5 et 20 mètres.

Dans la région sud-ouest d'Aïn Mlila, c'est-à-dire dans les douars Ouled Djahiche, Ouled Gassem, Ouled Messaâd, Ouled Achour, Ouled Zouaï, Ouled Sellem, Ouled Aziz, Ouled Belaguel, El Kouabi et Meraouna, les seules eaux courantes sont celles des oueds dont les noms suivent : l'oued Kercha, l'oued Fesguia (les deux cours d'eau les plus importants de la région), les Morniettes et l'oued Mlila. Ces ruisseaux prennent tous leur source dans la plaine. Sur tout leur cours on ne rencontre aucune trace de barrages ou de canaux faits avant l'occupation française.

Leurs bassins ont été trouvés à l'état de marais, ce qui explique combien les fièvres étaient intenses jadis dans la région; les quelques ruines d'habitations romaines qui existent encore sont placées soit en tête, soit tout à fait à l'aval de ces bassins, au point où les eaux se perdent : telles sont les ruines de Ras Kercha, d'Henchir Koreïba, d'Aïn Fesguia, etc.

On ne rencontre partout ailleurs, dans les douars ou fractions de douars désignés ci-dessus, que des puits, à proximité desquels se trouvent quelques pierres prises dans des ruines romaines. Leur profondeur varie entre 4 et 20 mètres.

La configuration générale du sol est plane. Les quelques montagnes (le Guerrioun, le Fortas, le Nif en Seur, le Hanout, la Chebka, le djebel Meïmen) sont tellement abruptes qu'on ne saurait retenir les eaux qu'en faisant construire des ouvrages dont le prix de revient dépasserait de beaucoup leur utilité. C'est ce qui

[1] Sur cette source, conf. Charasssière, *Recueil de la Société archéologique de Constantine*, XXII, 1882, planche XIV.

Hanech.

حنش

Dans la campagne marocaine, ce bijou en or, garni de diamants et de pierres précieuses, se porte sur la tête, en long comme une tresse. Il se compose de sept

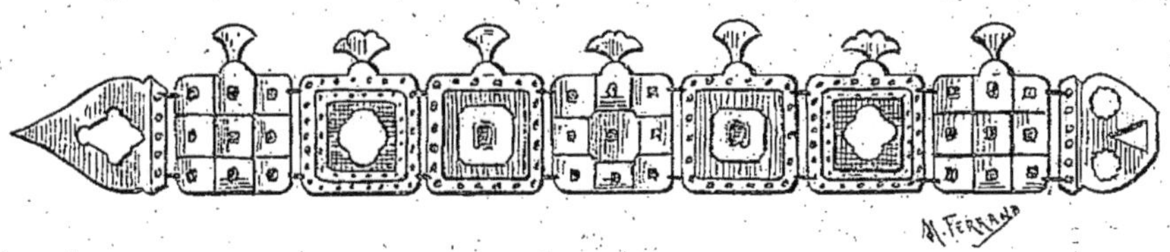

Hanech du Maroc.

plaques très variées d'ornementation, surmontées de croissants ou de haches. A l'un des bouts, un fer de lance; à l'autre, une espèce de tête de mort. Son nom signifie « serpent » ou « couleuvre ». — A Fez, le même nom est donné à un ruban sur lequel sont attachées des perles et des pierres précieuses. Se porte sur le front.

Haouâfer.

حوافر

Plaque en demi-lune, perforée, découpée comme le nom l'indique, ainsi qu'un sabot de cheval (hâfer, pl. haouâfer). Parure portée à Djerba.

Haouâqa.

حوافة

Bijou de Fez composé de fils d'or avec perles, cousus sur un ruban auquel sont suspendus : à droite, des médaillons en or séparés les uns des autres par des perles et, à gauche, des plumes. Se porte sur le front. Les médaillons sont au nombre de cinq. Le mot arabe signifie « ce qui entoure ».

Hardj.

حرج

GARNITURE de bride en argent ajourée et ciselée assez grossièrement. Son ornementation et sa forme varient beaucoup. Elle se compose de cinq ou six pièces. Le mot *hardj* signifie « équipement, harnais ».

Harqous.

حرقوس

CE mot, qui indique les sourcils arqués et rejoints à l'aide d'un maquillage, s'emploie aussi pour désigner une sorte de ferronnière qui se met sur le front sous le *zeriret*.

Harz, pl. Herouz.

حرز pl. حروز

TALISMAN ou reliquaire contenant des versets du Coran ou des tableaux cabalistiques. Il en est de différentes formes. Les uns ont l'aspect de boîtes carrées travaillées au repoussé avec des rinceaux et des fleurs ; ils sont fermés par un couvercle détaché avec, aux deux pièces, des anneaux de suspension soudés. Les autres affectent la forme triangulaire, ne s'ouvrent pas et sont garnis

La conduite (voir la coupe, fig. 17) est en maçonnerie de moellons et recouverte en dalles; elle n'a pas de radier. Ses dimensions moyennes sont : largeur, 0 m. 50 en haut, 0 m. 30 en bas; hauteur sous dalles, 1 m. 20; pente longitudinale, 0 m. 0045 par mètre. Le seuil de la conduite, à son arrivée dans le bassin, est à 4 m. 70 de profondeur et, au point où nous sommes arrivés, il est à plus de 10 mètres. Depuis le mois de septembre 1889 jusqu'en décembre 1893, les recherches ont été abandonnées. Les travaux faits avaient eu pour résultat d'amener dans le bassin une certaine quantité d'eau et, par suite, de permettre aux habitants de cette région de s'y alimenter ainsi que leurs troupeaux, au lieu de faire un long trajet: mais il fallait la puiser à plus de 4 mètres de profondeur. Sur ma proposition, l'ouverture d'une tranchée d'écoulement fut entreprise en 1894, et j'eus la satisfaction de constater un débit de 240 litres à la minute. Peut-être pourrait-on augmenter encore ce débit si nous avions les ressources nécessaires pour continuer les travaux de recherches et arriver aux sources.

XXIV

AQUEDUC ROMAIN DE ZANA.

NOTE DE L'ADMINISTRATEUR DE LA COMMUNE MIXTE D'AÏN EL KSAR.

Les recherches effectuées dans la commune mixte d'Aïn el Ksar, en vue de retrouver les travaux hydrauliques des anciens, n'ont amené que la découverte d'une conduite d'eau partant de l'aïn Soltane, dans le douar Boughzel, et aboutissant aux ruines de la ville romaine de *Diana*, après avoir traversé les plaines de Boughzel et de Zana.

La prise d'eau de cette conduite est en forme de Y; elle paraît aboutir à un vaste réservoir, dont on ne retrouve que quelque traces et qui devait servir à emmagasiner pendant un certain temps, en cas de sécheresse, une quantité d'eau suffisante pour les besoins de la plaine et l'alimentation de la cité de Diana.

Sur un parcours d'environ 3 kilomètres, la conduite est complètement invisible et doit se trouver assez profondément en terre, si l'on en juge par la position de la source, située derrière un mamelon et en contre-bas.

On commence à apercevoir les premiers vestiges de cette construction romaine à quelque distance de la limite des douars Boughzel et Zana; de ce point, on peut la suivre dans son parcours sinueux jusqu'aux abords de la ville de Diana, où elle se perd au milieu des nombreuses ruines parsemées sur l'emplacement de cette cité.

Vers le milieu de son parcours et à environ 1 kilomètre au nord d'un mamelon pierreux placé en avant des premiers contreforts des montagnes de Zana, on rencontre quatre regards en forme de puits, d'environ 1 m. 50 de diamètre, et construits à une petite distance les uns des autres; ils devaient servir à prendre les eaux nécessaires aux irrigations de la plaine.

La conduite, dont la longueur totale atteint au moins 15 kilomètres, a la forme d'un canal d'environ 0 m. 60 de largeur et de profondeur. Les murs latéraux, ainsi que le radier, sont construits en petits moellons; le couvercle est formé de grosses pierres, plates ou rondes, ajustées entre elles et posées simplement sur les deux murs sans l'aide d'aucun mortier, de façon à permettre le nettoyage rapide de cet ouvrage d'art, établi pour servir à l'écoulement d'un volume d'eau assez considérable.

XXV

TRAVAUX HYDRAULIQUES ANCIENS DANS LA COMMUNE MIXTE DE M'SILA.

RAPPORT DE L'ADMINISTRATEUR.

Le système d'aménagement des Romains s'étendait sur toutes les rivières du Hodna occidental, ainsi que sur les principaux ravins[1].

Généralement élevés au débouché des vallées les plus impor-

[1] Sur les travaux hydrauliques anciens dans le Hodna, il faut consulter un travail de Payen, publié dans le *Recueil de la Société archéologique de Constantine*, VIII, 1864, p. 1 et suiv. Ce travail est accompagné de nombreux dessins.

tantes, les barrages principaux, construits en ciment et cailloux roulés, formaient un tout compact, qui ne le cédait en rien aux blocs que nous employons à la construction des jetées de nos ports. Ces premiers ouvrages servaient d'amorce soit à des canaux munis de vannes distributives et aboutissant aux terres de culture, soit à des aqueducs qui alimentaient les citernes publiques ainsi que les réservoirs privés.

Il a dû exister aussi des barrages secondaires, élevés en pierres sèches, pour retenir les eaux que roulaient les torrents à certaines époques périodiques ou imprévues.

Tous ces travaux sont dans un tel état de dégradation qu'il m'est impossible d'en donner une description minutieusement exacte. Leurs lignes générales ne sont même plus que partiellement appréciables.

Je diviserai ces systèmes d'aménagement en deux catégories :

1° Les ouvrages qui ont servi à recueillir l'eau courante et particulièrement l'eau agricole;

2° Ceux qui se rapportent à l'eau d'alimentation.

1° **Travaux hydrauliques agricoles.** — Je présenterai cette étude en allant de l'est à l'ouest.

A. L'oued Hannech, à l'extrémité nord-est de la commune mixte de M'sila, était coupé, à sa sortie des gorges de Khangat el Mechta, par un barrage en pierres de taille, avec assises en béton, qui répartissait ses eaux dans les cultures, au point où l'on trouve la kherba des Oulad Guesmia, dans le douar des Oulad Ali Guebala.

B. L'oued Selmane, au sud du djebel Maàdid, à 20 kilomètres à l'est de M'sila, a été doté de travaux hydrauliques, dont on aperçoit les fondations en face de l'emplacement actuel du marché, dans la fraction des Oulad Manallah. Ces ouvrages, par une canalisation qui couvrait les terres de la rive gauche, servaient à entretenir la fraîcheur et la fertilité.

C. Sur l'oued Deb, à 3 kilomètres à l'est de Bechilga, un barrage secondaire, à peine visible, a servi à recueillir les eaux qui se déversaient dans ce torrent après les orages, ainsi que pendant l'hiver[1].

[1] Conf. Payen, *loc. cit.*, p. 12, pl. XIV, XV et XVI. Voir ci-après la note de M. Marcassin.

D. L'ancien *fluvius Piscensis*, aujourd'hui oued Ksob ou oued M'sila, était coupé, à 500 mètres au nord de l'extrémité septentrionale des jardins de M'sila, par tout un système de barrages en béton de ciment qui devaient former trois étages successifs[1].

Ces trois barrages n'étaient guère éloignés que de 400 mètres, le dernier servant d'appareil de décantation.

Sur la rive droite, les irrigations étaient assurées par une amorce que prolongeait un chenal se dirigeant vers la zone des terres qui ont été séquestrées après l'insurrection de 1871, sur le territoire de l'oued El Bénia.

Sur la rive gauche, les terres de Mezrir étaient fertilisées par une branche du chenal principal qui alimentait aussi *Zabi Justiniana*, la Bechilga moderne. Quelques reliefs des vannes distributives sont visibles à plus de 8 kilomètres à l'est du barrage décanteur, à travers le territoire des Métarfa.

E. L'oued Lougmane descend du djebel Tharf (douar des Kherabcha) et a sa source principale au pied du coudiat Ketifa. Formé de la jonction des oueds Dréat et El Haram, après avoir perdu le nom d'oued Ben Maghdad, cette rivière prend le nom de Lougmane à son débouché sur le territoire de la tribu des Oulad Mansour ou Madhi; elle le change contre celui d'oued Biadha, dans la fraction des Oulad el Bali, de la même tribu.

Les gens de la fraction de Dhalaâ se servent des eaux de l'oued Lougmane pour leurs cultures et l'on voit aux abords de leurs mechtas quelques rares vestiges de canalisation romaine, n'offrant d'ailleurs aucun intérêt.

Les travaux hydrauliques anciens se manifestent, sur l'oued Lougmane[2] : 1° à Ced Faguès, à proximité d'un étranglement des collines de ce lieu; 2° à Ced el Djessassia; 3° à Ced Roumane; 4° à Ced el Mezouria.

Ces barrages étaient faits en béton. Quelques blocs, fort entamés par l'érosion des crues, s'aperçoivent dans le lit de la rivière. Le barrage de Djessassia et celui d'El Mezouria s'élevaient au milieu de ruines considérables.

[1] Sur les travaux hydrauliques anciens voisins de M'sila, voir Payen, *loc. cit.*, p. 10, 12, pl. XIV, XVII-XXIII. Voir aussi la note de M. Marcassin, publiée ci-après.

[2] Cf. Payen, *loc. cit.*, p. 7-9, pl. V-XIII.

Le Ced el Mezouria paraît avoir eu une plus grande importance que les trois autres et avoir servi à la distribution dernière des eaux. Ils étaient séparés par une distance moyenne de trois quarts de lieue. Leur action fertilisante s'étendait à la vallée principale des Oulad Mansour ou Madhi; cet bassin s'allongeait du nord au sud sur une profondeur de 20 kilomètres et avait une largeur moyenne de 3 kilomètres.

En tout temps, l'oued Lougmane coule jusqu'à la zaouïa du marabout Lakhdar, où existent encore des ruines fort importantes. A partir de la zaouïa, la contrée n'est arrosée que par la pluie et les crues qui en résultent, ce qui peut expliquer la présence d'un barrage d'emmagasinage et de distribution à Mezouria.

F. A l'entrée de l'oued Chellal dans la commune mixte de M'sila, à 30 kilomètres au sud de cette localité, près du barrage en fascines élevé par les indigènes sur cette rivière et au lieu dit Ced el Mehisseur, on remarque, non sans quelque difficulté, sur la rive droite, les vestiges d'un chenal en maçonnerie que les Romains avaient édifié dans la plaine des Oulad Sidi Brahim, à peu de distance du bordj actuel de Ced el Djir[1].

Au dire des indigènes, cette canalisation pouvait encore être suivie, il y a une cinquantaine d'années, jusqu'à la route de Bou Saâda: elle aurait arrosé une contrée qui ne mesurait pas moins de 12 kilomètres de longueur sur 4 kilomètres de largeur.

Le barrage de Ced el Djir captait les eaux qui descendaient de l'Ouennougha. De notre temps, la violence du courant est telle, au moment de la fonte des neiges et après les orages, que toute la plaine qui s'étend de Bir Soultane (emplacement de la maison cantonnière de Chellal) à Baniou est inondée et que les ingénieurs n'ont point voulu présenter le projet définitif de chaussée avant d'avoir vu la résistance qu'opposerait, pour les grandes crues, la digue qu'ils ont fait élever sur un parcours de 200 mètres, aussi bien en amont qu'en aval, aux abords du pont métallique qui vient d'être jeté sur l'oued Chellal.

2° **Travaux hydrauliques d'alimentation :**

A. L'alimentation en eau potable des habitants de la ville

[1] Sur le barrage et le canal de Ced el Djir, voir Payen, *loc. cit.*, p. 5-7, pl. II-VII.

qui est signalée plus haut dans la fraction des Oulad Guesmia (douar des Oulad Ali Guebala) était assurée par cinq grandes citernes, qu'une conduite couverte reliait au barrage de l'oued El Hannech.

B. Sur la rive gauche de l'oued M'sila se trouvait le point de départ d'un chenal à double compartiment, construit en cailloux roulés et ciment, qui rasait le sol sur plus de 2 kilomètres vers l'est. Puis, élevé sur une série d'arches, il s'infléchissait au sud pour revenir à l'est et traversait plusieurs citernes avant d'arriver à Zabi Justiniana. Ce chenal était alimenté par le barrage décanteur du *fluvius Piscensis*, sus-indiqué[1]. Au nord-est de Zabi, on remarque les fondations d'un château d'eau qui correspondait avec plusieurs citernes; parmi celles-ci, une, à deux compartiments, se retrouve presque intacte.

C. Je crois ne point trop m'avancer en disant que ce château d'eau distribuait l'élément liquide jusqu'à Kherbat Rças, dans la tribu des Souamà, à environ 25 kilomètres au sud-est de M'sila. Il y avait là un centre agricole des plus importants. Circonstance à noter, chaque maison possédait des auges en plâtre et ciment servant de réservoirs, dont plusieurs sont encore en bon état de conservation[2].

D. Sur la rive droite de l'oued Lougmane, une grande citerne, dont on ne devine plus que quelques vestiges, alimentait les habitants de la ville qui occupaient Kherbat Djessassia. Cette citerne recevait les eaux que lui amenait un aqueduc de 1,300 mètres de longueur.

E. Un centre romain, situé au sud du chott El Hodna, sur la rive droite de l'oued Mcif, près du puits artésien de Bir Guellalia, recevait son eau potable d'une dérivation de l'oued Mcif et d'une canalisation en briques creuses cylindro-coniques, de 3 kilomètres de longueur, aujourd'hui presque complètement détruite et obstruée par les éboulis[3].

(1) Cf. Payen, *loc. cit.*, p. 11, pl. XIV et XIX. Voir ci-après la note de M. Marcassin.

(2) Cf. Payen, *loc. cit.*, p. 4, n. 1 et pl. XXV.

(3) Il existe en outre dans tout le Hodna un grand nombre de puits anciens, puits ordinaires ou puits artésiens. Voir Payen, *loc. cit.*, p. 3, n. 1.

APPENDICE AU RAPPORT PUBLIÉ CI-DESSUS.

[Nous donnons ici en appendice quelques notes de voyage que M. Marcassin, ingénieur agronome, avait remises à La Blanchère.]

A. *Barrages sur l'oued Ksob. Aqueduc de Zabi.* — De Bordj R'dir jusqu'à M'sila, on ne signale et je n'ai vu aucun reste d'ouvrage romain, mais il existe de nombreux barrages indigènes et un important barrage français, établi à la coupure par où l'oued Ksob s'échappe de la montagne dans la plaine de M'sila. Ces barrages ont dû succéder à des barrages anciens, surtout le dernier; il est trop bien placé à la sortie de la montagne pour que son utilité ait échappé aux Romains et qu'ils n'en aient pas profité pour en tirer l'eau nécessaire à irriguer la haute plaine.

A environ 1,500 mètres en amont de M'sila, on trouve sur le fleuve d'assez importants vestiges, signalés par le commandant Payen. Le massif de la rive droite semble être le reste du barrage proprement dit, auquel doivent appartenir également deux blocs isolés, mais qui semblent en place, au milieu du lit actuel de l'oued; leur largeur est d'ailleurs la même que celle du mur de la rive droite.

Sur la rive gauche, on voit un massif qui comprend un reste de mur de 4 m. 50 de long, large de 3 mètres, sur lequel s'appuie à angle droit un autre mur moins large, adossé au terrain supérieur. Ce doit être le reste d'un réservoir de dépôt, où l'eau était débarrassée de la vase avant de s'écouler vers la plaine de Zabi. Plus loin, un mur de 8 mètres de long, disparaissant ensuite sans fracture sous le sol actuel dans la direction nord-sud, représente sans doute la base de l'aqueduc.

Il était soutenu du côté de la rivière par un contrefort demi-cylindrique, assis sur une couche de grès grossier qui constitue une partie de la berge.

Toutes ces constructions sont en blocage; on n'y remarque pas une seule pierre de taille.

A 1,200 mètres environ du barrage, vers le sud-sud-est, on retrouve des restes importants de l'aqueduc qui amenait les eaux de l'oued M'sila à Zabi.

Payen signale sur le cours de cet aqueduc cinq citernes dont il m'a été impossible de retrouver des traces.

L'aqueduc porte les traces de deux conduites de dimensions différentes jusqu'à leur entrée dans la ville. Celle de droite a la plus grande section; à 1 kilomètre environ de Zabi, elle a trois fois la largeur de l'autre (0 m. 60 contre 0 m. 20), qui ne varie d'ailleurs guère. C'est de la conduite de droite que partent les branchements qui permettaient l'irrigation des cultures environnantes; on voit nettement les traces de trois de ces branchements, dont un à l'entrée de la conduite dans Zabi et un autre 300 mètres avant ce point.

Malheureusement, le branchement n'existe nulle part à son origine; on ne peut voir comment se faisait la répartition de l'eau et s'il y avait des vannes. Les Ponts et Chaussées viennent justement d'enlever la portion d'aqueduc comprenant l'origine de la seconde déviation, qui était la mieux conservée.

En arrivant dans Zabi, la conduite, dont les deux sections sont devenues sensiblement égales, tourne brusquement à angle droit et, au bout d'environ 40 mètres, se perd sous le sol.

On remarque, à 5 mètres de cet angle droit, les restes d'un bâtiment rectangulaire (de 20 mètres de long sur 28 de large) à quatre compartiments, accolé à l'aqueduc et qui semble être une citerne; le mur du milieu porte d'ailleurs à sa surface des traces de conduite.

De l'autre côté de l'aqueduc et parallèlement, se trouvait un bâtiment important, d'au moins 40 mètres de façade, mais qui ne semble pas avoir de rapport avec l'aqueduc.

Il n'est pas possible de déterminer si l'aqueduc était couvert ou non; il est partout rasé à quelques centimètres au-dessus du fond des conduites. Celui-ci est fait en béton, recouvert d'un enduit de 0 m. 04 d'épaisseur.

A l'extrémité sud-ouest de Zabi se trouve un ensemble de deux citernes voûtées, dont les dimensions intérieures sont de 2 m. 50 sur 2 m. 50 et dont la profondeur dépasse 8 mètres. En admettant 10 mètres, on n'a qu'une capacité de 62 mètres cubes 500 par citerne. Elles étaient donc de peu d'importance. L'inspection du sol tend à faire croire qu'il existait au moins deux autres citernes accolées à celles-ci.

B. *Travaux hydrauliques sur l'oued Deb.* — On voit des restes de barrage dans le lit du ruisseau. Sur la rive droite, vestiges d'un réservoir et petit tronçon d'aqueduc; sur la rive gauche, un aqueduc part du barrage. Il longe l'oued tant que celui-ci s'appuie à gauche contre des collines pliocènes caillouteuses, impropres à la culture. A la sortie de ces collines, au point où l'oued s'étale librement de la plaine, l'aqueduc débouche dans un réservoir dont il reste des fragments importants, mais confus. De ce réservoir part un aqueduc plus important que l'aqueduc d'amenée (la section a 1 m. 20 de large à la partie supérieure, au lieu de 0 m. 70).

Une fois le réservoir de rive droite rempli, les Romains devaient envoyer l'eau dans celui de rive gauche, que la nature et la disposition du terrain ne leur avaient pas permis de faire auprès du barrage et qui, d'ailleurs, se trouvait placé immédiatement à l'entrée des terrains irrigués. Ce jeu de deux réservoirs se comprend très bien ici, où l'oued Deb n'est qu'un grand ravin plutôt qu'une rivière; il devait permettre de recueillir toutes les eaux qui y coulaient, et sur l'une ou l'autre rive, suivant l'état des cultures. Le dévasement aussi devait être très facile.

XXVI

TRAVAUX HYDRAULIQUES ROMAINS DANS LE MASSIF DES OULED ALI BEN SABOR

(Région de N'gaous).

NOTE DE M. DEMOULIN, ADMINISTRATEUR.

Le djebel Ouled Ali ben Sabor est une haute montagne (point culminant : Tacherirt, 1,900 mètres), de forme ovale, entourée de plaines et vallées qui l'isolent complètement des massifs circonvoisins. Sur son versant nord, ce sont les plaines de Ghennia et de Djériate, se prolongeant à l'ouest par celle d'El Zerga. Sur son versant sud, après une ligne de contreforts, dont le plus important, Kef Azzekkar, détermine à l'est la vallée de Ras el Aïoun, s'étend, avec un abaissement marqué, la plaine de Djor Oulad Ali, fermée par le djebel Sra. Enfin, plus au sud, au bas d'un escarpement de grès appelé El Guess, vient la plaine d'Es Saïda, formant brusquement une sorte d'étage inférieur, sur la rive droite de l'oued Barika.

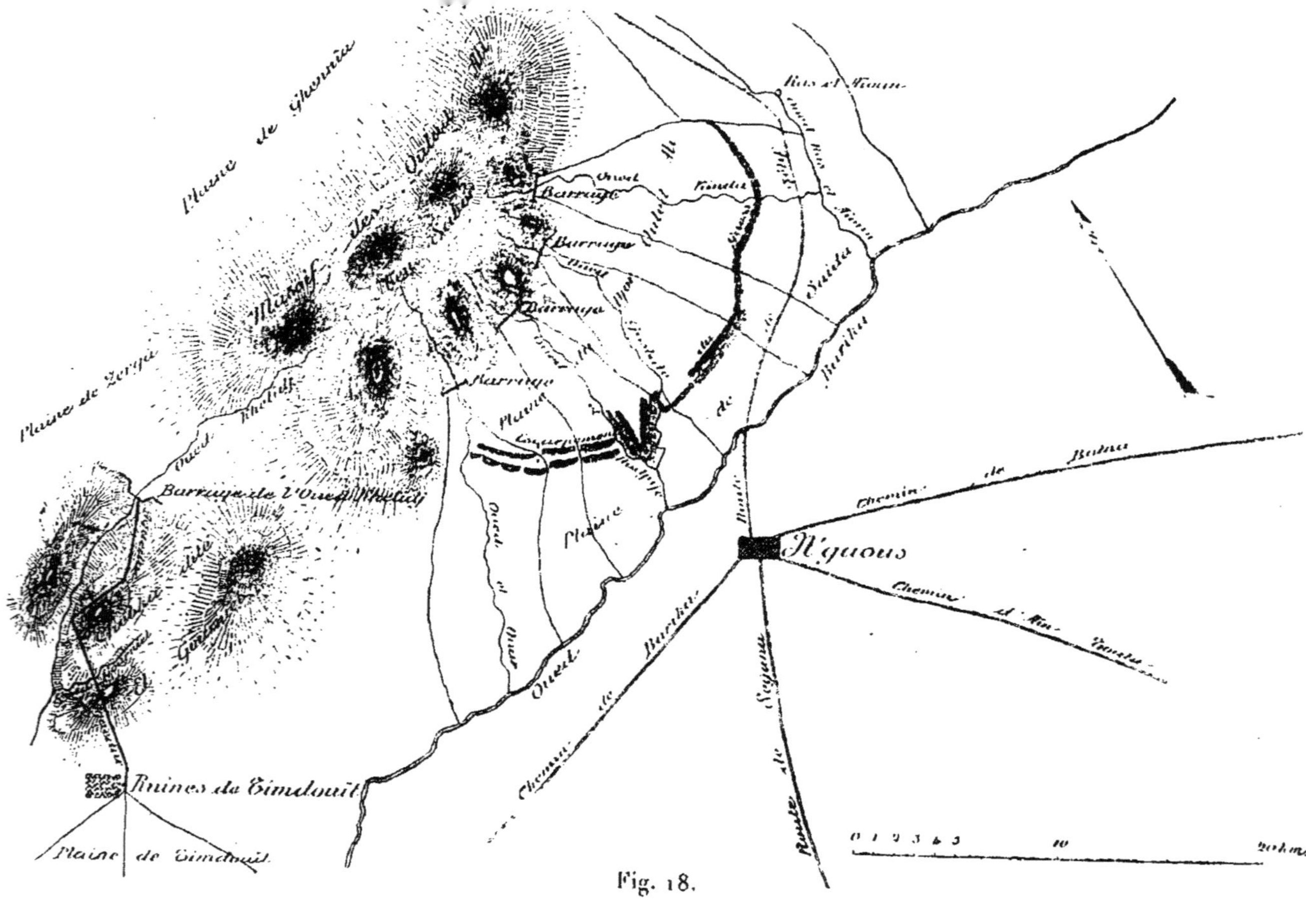

Plaine de Ghennia
Plaine de Zergue
Barrage
Plaine
Plaine
Ruines de Timdouit
Plaine de Timdouit
N'guous
Chemin de Barika
Chemin de Batna
Route de Seguna
0 1 2 3 4 5 10 20 km.

Fig. 18.

On retrouve dans la région de nombreuses traces de l'occupation romaine; des restes de villes et de villages importants attestent l'ancienne prospérité de ce pays, aujourd'hui assez misérable. Il ne paraît pas cependant que la colonisation se soit portée sur le pâté escarpé et montagneux qui occupe le centre du territoire, et où sont installés les villages actuels des indigènes. Cette montagne était sans doute recouverte, dans l'antiquité, d'une épaisse forêt que représentent aujourd'hui des boisements de cèdres, couronnant la crête, et que son influence salutaire sur le régime des eaux avait fait respecter.

Tous les établissements romains étaient groupés autour du massif et lui formaient comme une ceinture.

Le massif principal est troué par de profondes vallées, qu'ont creusées des cours d'eau assez importants pour ne jamais tarir, même pendant les années de sécheresse, et dont le débit au cours des années pluvieuses est attesté par les érosions profondes que les eaux ont faites dans les plaines qui s'étendent au pied de la grande chaîne.

Ces cours d'eau sont : l'oued Ras el Aïoun, l'oued Kinda, l'oued Gosbate, l'oued El Hadjaje, l'oued Ouar et l'oued Khelidj (voir la carte, fig. 18).

L'oued Ras el Aïoun devait comporter un aménagement supérieur à celui qui répartit aujourd'hui ses eaux. On pourrait arriver à arroser une superficie double de celle actuellement irriguée dans la plaine de Ras el Aïoun au moyen de travaux de répartition et d'adduction d'eau peu coûteux.

L'oued Kinda, l'oued Gosbate, l'oued El Hadjaje et l'oued Ouar débouchent de la montagne à travers d'étroits défilés, dont les Romains avaient tiré parti. Ils avaient établi des barrages, dont les vestiges se voient encore aujourd'hui, à l'entrée de chacune des gorges et avaient ainsi mis à l'abri de la sécheresse la plaine de Djor Oulad Ali et celle de Saïda, que parcouraient de nombreux canaux d'irrigation, partant des barrages. La réfection des travaux des anciens mettrait à l'abri de la sécheresse plus de 1,000 hectares d'excellentes terres de culture.

Enfin, les eaux de l'oued Khelidj, qui ne pouvaient être utilisées auprès des sources en raison du caractère tourmenté de la région avoisinante, franchissaient les gorges de l'oued Khelidj au moyen d'un aqueduc de 4 kilomètres de développement, dont les ruines existent encore et qui servait à l'alimentation de la ville de

Timedouit et à l'irrigation de la plaine voisine, aujourd'hui peu cultivée [1]. La réfection des travaux romains permettrait, là encore, d'irriguer plus de 3,000 hectares de bonnes terres.

XXVII

TRAVAUX HYDRAULIQUES EXÉCUTÉS PAR LES ANCIENS SUR LE TERRITOIRE DE L'ANNEXE DE BARIKA.

RAPPORT DE M. LE LIEUTENANT SOULÉ.

L'annexe de Barika, située entre le 35e et le 36e degré de latitude nord, comprend la moitié orientale des steppes qui constituent la dépression du Hodna.

Elle est limitée au nord et à l'est par les premiers contreforts des chaînes telliennes (monts du Hodna, monts de Batna et de l'Aurès); au sud, par les derniers plissements des montagnes des Oulad Nayl et, dans le sud-est de l'annexe, par quelques reliefs secondaires des montagnes du Zab; enfin, à l'ouest, sa ligne de démarcation suit un affluent de l'oued El Malah, traverse le chott El Hodna et remonte alors directement au nord par la rive gauche des oueds Ben Dafi et Meneïfa, jusqu'aux Maàdid.

Sous la domination romaine, ce territoire nourrissait une population agricole très dense. De nombreux restes de constructions l'attestent. Les villes ou villages étaient rares, il est vrai; nous ne connaissons que les ruines d'une seule grande ville, *Thubunae* (Tobna), à 4 kilomètres au sud-ouest du bordj de Barika, et celles de trois centres d'importance moindre : l'un sur l'oued Berhoum, le deuxième à El Alia, le troisième dans la plaine de Daya (voir la carte fig. 19). Au contraire, les vestiges des fermes, d'habitations isolées se rencontrent à chaque pas dans la plaine. Un monticule élevé d'environ 2 mètres au-dessus du sol environnant cache une ruine; sa surface dépouillée de toute végétation est recouverte de débris de poteries grossières, quelques pierres émergent çà et là; ouvrez une tranchée de 0 m. 30 de profondeur et vous ren-

[1] Conf. GSELL, *Les monuments antiques de l'Algérie*, I, p. 259, n° 14.

contrerez bientôt des restes de maçonneries faites en pierres de rivière, des auges pour abreuver les animaux, des moulins à main, des margelles de puits.

Le nombre de ces constructions est fait pour étonner et, vu l'état actuel du pays, il est raisonnable de conclure qu'aujourd'hui

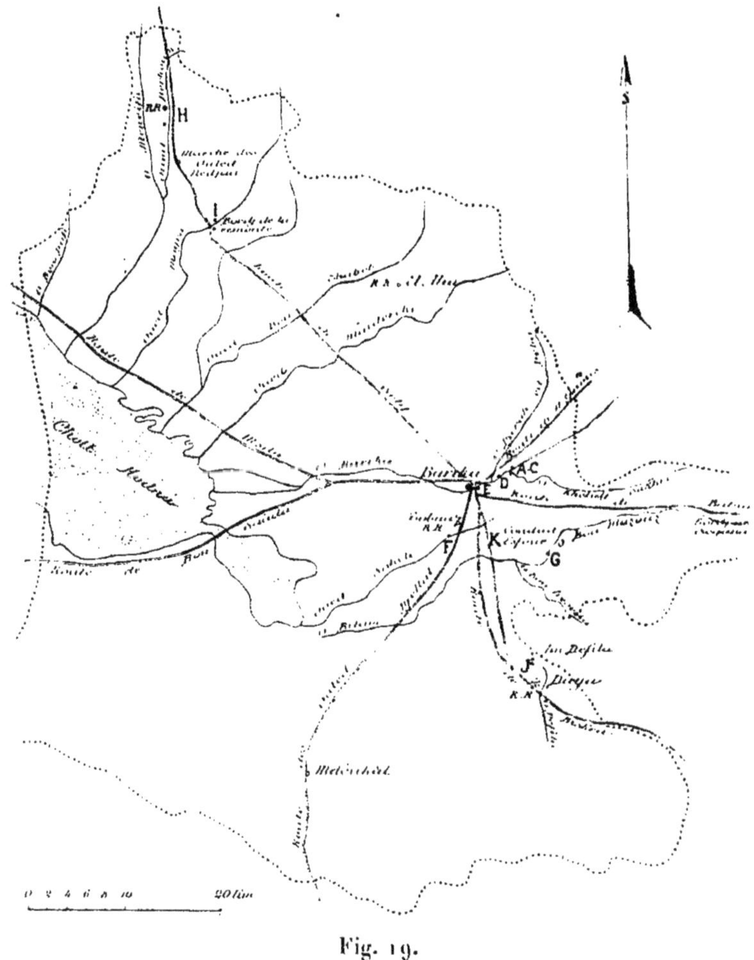

Fig. 19.

le sol de l'annexe de Barika serait incapable de subvenir aux besoins de la nombreuse population qui, sous la domination romaine, non seulement vivait des produits de la terre, mais faisait sans doute aussi commerce de ces produits.

Peut-être faut-il attribuer la différence entre la richesse présente et celle de l'époque ancienne à un changement dans les conditions climatériques. Les montagnes, peut-être plus boisées qu'aujourd'hui, provoquaient des pluies un peu plus abondantes et régularisaient l'écoulement des eaux sur le sol. Cela est vraisemblable. Cependant nous ne pensons pas que le boisement ait été la seule cause de la richesse de cette plaine qui, de nos jours encore, lorsque les pluies sont abondantes, est une des plus fertiles de l'Algérie; la source de la fécondité du Hodna résidait surtout dans l'utilisation et la sage distribution de toutes les eaux. Aujourd'hui, les pluies sont très rares, mais, lorsqu'elles surviennent, elles tombent en grande abondance: alors les oueds, desséchés pendant la plus grande partie de l'année, roulent des torrents que les barrages indigènes ne peuvent retenir et qui vont se perdre dans le chott sans que l'agriculture ait pu en tirer parti.

Décrire comment les Romains avaient su se rendre maîtres de ces eaux, les garder à leur disposition, ne les employer que suivant leurs besoins, serait un travail d'une utilité incontestable; malheureusement les ouvrages hydrauliques ont presque entièrement disparu, soit sous l'action des eaux, soit parce que les indigènes en ont dispersé les matériaux, soit parce qu'ils ont été enfouis sous les sables. De ces ouvrages qui ont fait la richesse du Hodna, il reste peu de vestiges; ceux que nous avons étudiés, consistant en restes de barrages et d'aqueducs, ont servi à utiliser les eaux venant des rivières ou sources suivantes : oued Barika, oued Saheli, oued Bou Mazouz (ou oued Bitam), oued Berhoum, oued Magra, aïn Defila.

1° **Oued Barika.** — *Lettres A-C de la carte* (fig. 19). — A 5 kilomètres environ du village de Barika, près du confluent de l'oued Barika et du Khelidj Sakhri, existaient des ouvrages dont les restes, à peine apparents, ne peuvent nous indiquer l'importance.

Sur le Khelidj Sakhri, on remarque un bloc de maçonnerie informe (C), en majeure partie encastré dans la rive gauche, ayant une hauteur de 1 mètre à 1 m. 20 au-dessus du fond de l'oued, une épaisseur de 2 m. 50. Ce sont là, croyons-nous, les restes d'un petit barrage, dont la longueur devait être de 15 mètres environ.

Auprès de la rive droite de l'oued Barika, à 500 mètres environ en amont du point de rencontre de cet oued avec le Khelidj Sakhri, émergent du milieu des sables du lit de la rivière deux

6.

blocs de maçonnerie, A et B, provenant de la rupture d'un même ouvrage. L'axe de la rivière a été déplacé; les eaux ont contourné l'ouvrage, l'ont rongé et détruit; pendant que ce travail de destruction s'opérait, les eaux étaient rejetées vers la rive gauche et creusaient un espèce de cirque, dans lequel aujourd'hui encore les crues provoquent de fréquents éboulements de terre et de rochers.

Les blocs A, B, C sont formés de cailloux de rivière, noyés dans de la chaux qui a acquis la dureté de la pierre. Nous ne croyons pas, cependant, qu'aucune relation ait jamais existé entre l'ouvrage A, B (oued Barika) et l'ouvrage C (oued Khelidj), car ils sont séparés par une arête rocheuse d'une hauteur d'environ 7 mètres.

Le barrage établi sur l'oued Barika irriguait la rive droite de la rivière et fournissait d'eau les nombreuses fermes dont les restes peuvent être relevés entre l'oued Barika et l'oued Djerah ed Deba; le barrage établi sur l'oued Khelidj Sakhri arrosait la partie de terrain comprise entre la rive gauche de cet oued, la rive gauche de l'oued Barika et les collines du coudiat Esfour.

Lettre D. — A 2,500 mètres environ en aval des ouvrages A, B, C, que nous venons d'indiquer, à 150 mètres en amont du barrage français, existe sur la rive droite de l'oued Barika un tronçon d'aqueduc taillé dans un banc de grès. La longueur de ce tronçon est de 18 mètres, la largeur de la conduite d'eau est de 1 m. 20 au plafond; les parois du canal sont taillées à pente d'un sixième.

Nous ne croyons pas pouvoir rattacher aux ouvrages A, B, C, précédemment décrits, ce canal, dont le fond n'est élevé que de 1 mètre environ au-dessus du lit actuel de la rivière. Il devait déverser les eaux d'un barrage dont toute trace a disparu, barrage placé à quelques mètres en amont de l'aqueduc D.

La connaissance des berges de l'oued, des pentes de la rivière et de quelques restes de constructions agricoles nous porte à admettre que l'aqueduc D débouchait sur le plateau de la rive droite et commençait à être utilisé par l'agriculture au point même où s'élève actuellement le village de Barika.

Lettre E. — Auprès du village de Barika et à 100 mètres en amont du point où la route Barika-Batna coupe l'oued Barika, se voient les restes du barrage le plus important que les Romains aient établi sur tout le territoire de l'annexe.

Ce barrage, destiné en même temps à irriguer les terres fertiles de la rive gauche de l'oued et à alimenter les citernes de la ville de Tobna, avait une section trapézoïdale et les dimensions suivantes : 7 mètres de largeur à la base, 3 m. 50 au sommet, 3 m. 20 de hauteur au-dessus des fondations, qui étaient de 0 m. 80. Les parois amont et aval étaient constituées par des murs en pierres de taille, formant gradins, l'intérieur par une espèce de béton de gros cailloux roulés. En aval, on remarque une sorte de plate-forme de 4 mètres de long, dont la surface était de 1 mètre environ au-dessus des fondations de l'ouvrage.

Il est impossible de préciser la longueur qu'avait ce barrage, car la partie encastrée dans la rive gauche subsiste seule. Les eaux, en effet, ont réussi à rompre l'ouvrage et à en emporter la partie nord. Les crues ont creusé le lit de la rivière et mis à nu sur une certaine étendue, et en passant au-dessous, les fondations, fort peu profondes; une partie de la maçonnerie s'est bientôt trouvée suspendue au-dessus du vide. Elle s'est détachée sous l'effort de son propre poids pour prendre la position de biais que l'on observe aujourd'hui. Nous jugeons cependant que la longueur du grand barrage romain de Barika ne devait pas être inférieure à 50 mètres.

Des fouilles ont été faites dans le lit de la rivière au pied dudit barrage et ont été poussées jusqu'à 4 mètres au-dessous du fond actuel. Le terrain est composé de cailloux roulés, très serrés les uns contre les autres, et dont les dimensions deviennent de plus en plus grandes à mesure que l'on s'enfonce dans le sol. A 4 mètres il a été rencontré d'énormes pierres rondes dont le grand axe atteignait parfois la dimension de 1 mètre.

A la partie sud du barrage, rive gauche, on remarque un mur de soutènement à peu près complètement enfoui sous les sables; la partie que nous avons pu mettre à nu semble indiquer que ce mur, construit en grosses pierres de taille, avait une épaisseur de 0 m. 80. Il devait servir d'appui à la conduite d'eau. Auprès du barrage, nous n'avons point trouvé trace de l'aqueduc, mais la direction et les dimensions nous en sont données par des débris des maçonneries subsistant sur un ravin placé en aval du barrage.

Sur ce ravin apparaissent les fondations d'un ouvrage que nous avons fait dégager à la pioche : c'est la conduite, dont la largeur, comptée d'un bord extérieur à l'autre, était de 3 mètres et la largeur, comptée entre les bords intérieurs, de 2 mètres.

Nous ne doutons pas qu'en faisant avancer dans les terres une tranchée, plus profondément que nous n'avons pu le faire, on ne mette à découvert quelque partie parfaitement conservée du canal amenant les eaux du barrage dans les terres de labour.

Sur le ravin où nous avons relevé ces traces d'aqueduc, mais en amont, on aperçoit les vestiges d'un autre ouvrage en maçonnerie, dont les fondations ont une largeur de 3 mètres; cette maçonnerie, après s'être encastrée de 3 mètres environ dans chacune des berges du ravin, se terminait brusquement. Ce ne sont point là les restes d'un canal, mais plutôt ceux d'un petit barrage, de 15 mètres de long, destiné à retenir les eaux que le ravin pouvait amener à l'époque des pluies; c'était sans nul doute une digue protectrice de l'aqueduc.

Il nous reste à dire quelques mots sur la conduite qui amenait une partie des eaux du barrage E dans les citernes de Tobna, et qui s'embranchait sans doute sur la grande conduite dont nous venons de parler.

Sur la rive gauche de l'oued Barika, les restes d'un aqueduc, dont il ne subsiste guère que les fondations, peuvent être suivis sur une longueur de 1,500 mètres. La direction générale de cette conduite est une ligne qui, de la citadelle byzantine de Tobna, pique droit au nord; 1,000 mètres environ avant d'atteindre l'oued Barika, cette ligne se retourne vers le nord-est, formant avec la ligne précédente un angle bien accusé, et se dirige vers les ruines du barrage romain E. Quelques rares parties, un peu mieux conservées que les autres, nous ont permis de rétablir la section de la conduite. Le mur qui la porte a 0 m. 65 d'épaisseur; le canal mesure 0 m. 35 de large et 0 m. 25 de profondeur; il était recouvert de dalles épaisses de 0 m. 10. En certains points, où, franchissant des ondulations du terrain, l'aqueduc devait s'élever au-dessus du sol naturel, on remarque les restes de contreforts, espacés de 10 mètres en 10 mètres.

L'ouvrage qui vient d'être décrit servait, croyons-nous, non seulement à alimenter les citernes de Tobna, mais encore à irriguer les terres environnant la partie Nord de la ville romaine. Cette opinion est basée sur ce qu'en différents points il est facile de relever des traces d'embranchements secondaires, dont la longueur n'excède jamais 5 ou 6 mètres.

Aux points de jonction de la conduite principale et des embranchements secondaires, ou bien à l'extrémité de ces mêmes embranchements, devaient exister des vannes dont il ne reste aucune trace.

2° **Oued Saheli.** — A 150 mètres des gourbis du caïd de la tribu des Saharis, dans le lit de l'oued Saheli (F de la carte), de grosses pierres parallélipipédiques, en majeure partie recouvertes de sable, dénoncent l'existence d'un ancien barrage. Ces quelques pierres, à peine visibles, ne nous permettent pas de déterminer les dimensions que devait avoir l'ouvrage, qui, certainement, était de peu d'importance, l'oued Saheli ne pouvant avoir à l'époque des pluies qu'un débit très faible, et étant, pendant la saison sèche, complètement privé d'eau.

3° **Oued Bou Mazouz.** — Dans le lit de l'oued Bou-Mazouz (G de la carte), nous avons constaté l'existence d'un bloc de maçonnerie, revêtu, à l'aval, de pierres taillées. Le barrage dont il faisait partie devait avoir 25 mètres de longueur, 2 m. 50 de hauteur au-dessus du fond actuel de l'oued, 4 mètres de largeur à la base et 2 m. 50 au sommet; le revêtement du côté aval était en forme de gradins. En aval et se rattachant au corps même du barrage, subsiste un mur destiné à soutenir les terres de la rive gauche.

Ce barrage a été utilisé par les Arabes jusque vers 1867 pour irriguer leurs terres; il portait le nom de Ced Roumila.

Peut-être, à l'époque romaine, était-il destiné à conduire les eaux dans les citernes de Tobna. La conduite aurait franchi le coudiat Esfour par un tunnel souterrain, ou, ce qui est plus probable, elle aurait suivi pendant quelque temps la rivière pour tourner ensuite au nord (voir plus loin, § 7).

4° **Oued Berhoum.** — Sur la rive droite de l'oued Berhoum, à 1 kilomètre environ du point où cette rivière sort de la gorge dans laquelle elle est enserrée depuis sa source et à 5 kilomètres environ au nord de l'emplacement du marché dit des Ouled Nedjaa, deux surélévations de forme rectangulaire sont couvertes de débris de poteries et de restes de constructions; les deux parties de terrains ainsi jonchées de ruines ont chacune une longueur d'environ 1 kilomètre, une largeur de 300 mètres, s'élèvent à 2 m. 50 au-dessus du sol avoisinant, et sont séparées par une bande d'une centaine de mètres de largeur, vide de pierres ou débris. Leur plus grande dimension est parallèle au cours de la rivière, c'est-à-dire est orientée du nord au sud. Ce groupe d'habitations devait posséder une ou plusieurs citernes, que nous n'avons pu retrouver, mais dont il est logique d'admettre l'existence, puisqu'il reste une conduite d'eau longeant la rive droite de l'oued Berhoum et dont les traces disparaissent seulement 500 mètres avant d'atteindre les ruines.

Cet aqueduc (H de la carte), en certains points parfaitement conservé, avait 0 m. 70 de largeur totale; le canal, large de 0 m. 30 et profond de 0 m. 35, était recouvert de dalles d'une épaisseur de 0 m. 10. La maçonnerie est formée à sa base de pierres cassées, mais non taillées, et, à sa partie supérieure, de pierres de taille.

On suit sans difficulté la conduite sur une longueur de 1,500 mètres; elle disparaît souvent sous terre, surtout lorsqu'elle s'engage dans les gorges de l'oued Berhoum, gorges dont les parois à pic ont laissé tomber des amas de terres et de rocs qui ont recouvert en certains points l'aqueduc, sans cependant le détruire; nous nous sommes assuré par de petites fouilles que les parties de l'ouvrage ainsi ensevelies étaient encore en parfait état de conservation, tandis que les parties laissées à découvert avaient été détériorées, et en certains points complètement détruites, par la main de l'homme ou le passage des animaux.

Après avoir suivi la conduite du sud au nord, et une cinquantaine de mètres au delà des dernières traces, on retrouve dans le lit de l'oued Berhoum un banc naturel de cailloux agglomérés dans lequel a été ouvert de main d'homme un canal, haut de 1 mètre, large en bas de 0 m. 40, en haut de 0 m. 80.

En amont, et aussitôt après ce banc, jaillissent de la rive gauche trois sources d'un débit total d'environ 60 litres, d'une température de beaucoup inférieure à celle de l'eau de l'oued.

Nous supposons que les Romains avaient capté ces sources et, par la conduite que nous venons de décrire, les avaient amenées au milieu du groupe d'habitations dont les ruines subsistent sur la rive droite.

5° **Oued Magra.** — Sur l'oued Magra, il n'existe aucune trace d'anciens barrages.

Mais en amont du bordj de la remonte de Magra, sur l'une et l'autre rive de l'oued, on remarque les restes d'ouvrages romains énumérés ci-dessous (lettre I de la figure 19 et croquis spécial, fig. 20) :

1° Sur la rive gauche, à 800 mètres en amont du bordj, restes d'une conduite d'eau A, de direction S. O.-N. E., d'une longueur de 20 mètres environ. Elle a 0 m. 60 de large et 0 m. 40 de hauteur; l'épaisseur totale du mur qui la porte est de 1 m. 60. L'extrémité nord-est de cette conduite est à 40 mètres du bord de l'oued Magra. La différence de niveau entre le fond de l'oued et le sol sur lequel s'élève la conduite est d'environ 6 m. 50.

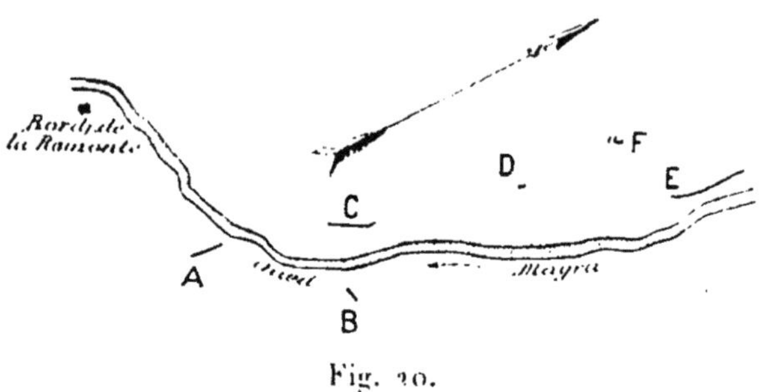

Fig. 20.

2° Sur la rive gauche, à 200 mètres environ de l'ouvrage A, restes d'une conduite B, de direction ouest-est, d'une longueur de 15 mètres environ. L'extrémité ouest de la conduite B est éloignée d'environ 30 mètres du bord de l'oued. La différence de niveau entre le fond de l'oued et le sol sur lequel s'élève cette seconde conduite est d'environ 6 m. 50. Le profil de la conduite B est le même que celui de la conduite A.

3° Sur la rive droite, à hauteur de la conduite B, un mur C, long d'environ 50 mètres, de direction parallèle à celle de la rivière, émerge du sol à 30 mètres environ de l'oued. Le pied de ce mur est à 4 mètres au-dessus du fond de la rivière. La crête, déchiquetée et dentelée, s'élève au-dessus du pied à des hauteurs variables (maximum, 2 m. 50). L'épaisseur de la maçonnerie est de 1 mètre dans ses parties les plus élevées et de 1 m. 60 dans ses parties les plus basses.

4° Sur la rive droite, à 500 mètres en amont du mur C, à environ 200 mètres du bord du lit actuel de la rivière, un bloc de maçonnerie D est très vraisemblablement le prolongement du mur C déjà décrit.

5° A 1,000 mètres en amont du mur C, sur le côté ouest de la rivière, un mur E, élevé de 3 m. 50 au-dessus du lit, long de 150 mètres, forme quai et retient les terres de la rive droite.

Les maçonneries A, B, C, D, E, que nous venons de décrire, sont formées de moellons noyés dans de la chaux.

6° A 800 mètres en amont du mur C, et à 400 mètres du bord ouest de la rivière, on peut encore voir les traces d'un appareil diviseur F. Tous ces travaux servaient évidemment à l'irrigation des terres.

6° **Sources d'Aïn Defila.** — Dans une immense cuvette que l'on appelle Daya, formant la partie sud du douar Bitam, les Romains avaient bâti une ville agricole dont le nom n'a pas été conservé. Pour l'alimentation des habitants, ils avaient capté les diverses sources sortant du col appelé aujourd'hui col d'Aïn Defila, et les avaient amenées au centre de leur ville par une canalisation d'environ 2 kilomètres et demi de longueur (J sur la carte, fig. 19). Le mur qui porte la conduite a 0 m. 80 d'épaisseur; le canal lui-même est large de 0 m. 40 et haut de 0 m. 30. Il est recouvert par des dalles plates.

Les vestiges que l'on retrouve de cette canalisation prouvent que toutes les sources existant actuellement avaient été captées et amenées à un conduit unique. A une centaine de mètres environ en aval de la fontaine actuelle, ce conduit traverse deux arêtes rocheuses dans lesquelles un canal a été pratiqué pour le passage de l'eau. Les sinuosités que décrit ce canal et les inégalités du fond permettent de supposer que la roche a été autant usée par l'eau qu'entaillée par la main de l'homme. Après la traversée de ces arêtes, le conduit arrive en plaine et reprend les dimensions indiquées plus haut.

L'arête rocheuse la plus méridionale est traversée, en outre, par un second canal dont l'aspect est absolument semblable au premier et qui passe 0 m. 80 plus bas. Ce second canal, venant probablement de la rivière, rejoint le premier à 200 mètres environ de la deuxième arête rocheuse. Il y a lieu d'admettre qu'il amenait dans le premier conduit les eaux s'écoulant par les deux ravins qui forment l'oued Defila. Cependant aucune trace de construction n'est visible dans la rivière et ne permet de transformer cette hypothèse en certitude.

7° **Oued Bitam.** — A. Sur la rive droite de l'oued Bitam, à 200 mètres du point où il rencontre le plus oriental des deux chemins de Barika à Biskra (K sur la carte), la berge présente une échancrure près de laquelle se trouvent quelques pierres de taille. Cette coupure donne passage à une conduite d'eau qui aboutissait à Tobna. Les investigations faites jusqu'à 2 kilomètres en amont n'ont pas permis de découvrir trace d'un barrage captant les eaux de la rivière. L'existence de la conduite d'eau n'est révélée sur tout son parcours, en dehors du lit de la rivière, que par une légère surélévation du sol, le long de laquelle on rencontre de loin en loin des fragments de pierre de taille. Après un tracé sinueux qui s'adapte aux formes du terrain, toute trace de conduite disparaît à 1,200 mètres environ de Tobna; les vestiges qui pouvaient rester ont été emportés par les eaux, roulant dans l'oued Saheli à la suite des pluies. Il n'est pas possible de déterminer d'une façon certaine les dimensions de la conduite, qui ne se trouve nulle part à l'état primitif; toutefois, les fragments de pierres qu'on rencontre sur son parcours permettent de supposer qu'elle avait au moins 1 mètre de large et que les parois avaient une épaisseur de 0 m. 20; ces pierres de taille étaient vraisemblablement noyées dans un béton de chaux dont l'existence se reconnaît aux agglomérations de cailloux visibles à l'échancrure de la berge citée plus haut.

On pourrait supposer que cette conduite d'eau était alimentée par le barrage décrit au paragraphe 3 de la présente notice (lettre G de la carte) et situé à 3 kilomètres en amont du point où la conduite quitte le lit de la rivière. L'oued Bou Mazouz, cité dans cet article, prend le nom d'oued Bitam à son entrée sur le territoire de la tribu des Saharis, au confluent de l'oued Bou Keseïba. Entre le barrage et le point où la conduite quitte le lit de la rivière, nul vestige de maçonnerie n'est apparent; mais la rive est uniformément basse et l'absence de tout accident de terrain permet de penser que l'eau recueillie par ce barrage arrivait bien à la conduite dont nous avons relevé les traces.

B. Immédiatement au-dessous du confluent de l'oued Bitam et de l'oued Bou Keseïba, se voit, sur la rive gauche, une agglomération de rochers, plus gros que ceux que l'on trouve dans le lit de la rivière et reliés entre eux par un mortier fort dur.

Il est certain que c'est le reste d'un ancien barrage qui devait avoir 12 mètres de long et au moins 3 mètres de large à la base.

Soixante mètres plus bas se trouve le point de départ d'une conduite d'eau qui court parallèlement à la rivière, pendant 4 kilomètres sans s'en écarter. Comme pour celle qui est sur la rive droite, l'existence de cette conduite n'est signalée que par une légère surélévation du sol, large de plus de 2 mètres.

Cette trace disparaît cependant en deux endroits, l'oued s'étant détourné vers le sud en creusant la berge de la rive gauche qui, en ces points, se trouve à pic. Sur l'une de ces coupures, située à la rencontre de l'oued Bitam et de la plus occidentale des routes de Barika à Biskra, on aperçoit, à 1 m. 50 au-dessous de la rive, quelques fragments de pierres taillées, entourés de cailloux.

En aval de cet endroit, le tracé est parallèle à la rivière pendant 800 mètres, puis tourne à angle droit pour se diriger vers le sud pendant 1 kilomètre. Sur un espace de 1,500 mètres tout vestige disparaît; les constructions ayant été emportées par l'oued Dekhan, dépression insignifiante, mais susceptible de rouler un volume d'eau assez considérable, car elle se trouve immédiatement au-dessous des pentes des derniers contreforts du djebel Meslili. La conduite reparaît ensuite, se dirigeant toujours au sud; elle est rejointe par la route de Barika à Biskra, qui la suit jusqu'à l'extrémité sud-est de la plaine de Daya; là, elle fait un coude brusque vers le nord-est et disparaît 600 mètres plus loin.

Son aspect n'est pas le même sur toute cette longueur[1]; dans les parties situées en plaine, elle se révèle sous forme d'un dos d'âne, dépassant quelquefois le relief de 1 mètre; à la traversée du col dit Téniet el Ousta, pendant 700 mètres environ, elle présente un amas de pierres taillées, plus ou moins brisées et faisant sur le sol environnant une saillie uniforme d'à peu près 0 m. 60.

Pendant cette traversée du col, elle suit à la surface tous les accidents du terrain, très fouillé à cet endroit. Dans la plaine de Daya qui vient ensuite, elle disparaît pendant 3,500 mètres et se montre de nouveau pour faire le coude cité plus haut. Cette conduite, qui n'est conservée nulle part, devait avoir plus de 1 mètre de largeur et être constituée par des dalles de 0 m. 40 d'épaisseur. Son déve-

[1] Je me demande si ces vestiges, reconnus au sud de l'oued Bitam, sont bien ceux d'une conduite. Peut-être représentent-ils une voie romaine reliant *Thubunae* à la vallée de l'oued El Kantara. M. Grange a trouvé récemment des bornes milliaires le long de ce dos d'âne. S. G.

loppement total dans la partie étudiée ci-dessus était de 27 kilomètres, en y comprenant les portions disparues.

Le col de Téniet el Ousta est à environ 50 mètres au-dessus du niveau du barrage qui alimentait cette conduite. Pour s'expliquer comment l'eau pouvait franchir ce col, il faut admettre que les Romains avaient trouvé moyen d'amorcer le siphon constitué par la conduite franchissant le col pour aller de la plaine de Bitam à celle de Daya, dont le niveau est inférieur à celui de la précédente; dans ce cas, la conduite devait être fermée hermétiquement, probablement par un revêtement en maçonnerie.

Il existe une autre hypothèse qui expliquerait mieux que la précédente cette traversée du col. D'après les indigènes, la conduite décrite ci-dessus serait un tronçon d'une immense canalisation qui amenait les eaux de la montagne du Bou Thaleb dans la plaine d'El Outaya, présentant ainsi un développement de 100 kilomètres[1].

Les recherches que nous avons faites au nord de l'oued Bitam ne nous ont pas permis de découvrir le moindre vestige d'une construction semblable. Il serait plausible que la conduite venant de l'oued Bitam ait servi à irriguer la plaine de Daya et à fournir d'eau la petite ville qui s'y trouvait; mais les traces que nous avons relevées permettent de supposer que la conduite dépassait cette plaine. A notre avis, cette constatation est faite pour donner quelque créance à l'hypothèse du gigantesque travail dont nous venons de parler. Cette question pourrait peut-être être tranchée par des études similaires faites au-dessous de la montagne du Bou Thaleb et au nord de la plaine d'El Outaya.

Les Arabes utilisaient jusque vers 1867 le tracé de cette conduite dans sa partie parallèle à l'oued Bitam pour irriguer leurs terres; la séguia portait alors le nom de Ced Fagoussia.

La ville de Tobna était alimentée en eau par les deux conduites déjà décrites, venant l'une de l'oued Barika, l'autre de l'oued Bitam[2].

8° **Utilisation actuelle des eaux.** — Toutes les rivières citées

(1) Cela n'est pas admissible. S. G.

(2) Pour les installations d'eau à Tobna, il faudra consulter un mémoire, encore inédit, de M. le lieutenant Grange, qui a fait des fouilles étendues en ce lieu dans le cours des années 1900 et 1901.

comme ayant été utilisées par les anciens sont employées actuellement.

A. *Oued Barika.* — Un barrage, sur l'oued Barika, construit à 3 kilomètres en amont du barrage romain E, alimente le village de Barika et arrose les cultures de la rive droite. Un second barrage va être construit[1] sur l'emplacement même du barrage romain, pour irriguer la rive gauche.

B. *Oued Saheli.* — L'oued Saheli est à sec en temps ordinaire. Au moment des pluies abondantes, il reçoit l'eau venant du versant ouest du coudiat Esfour. La dépression constituée par le thalweg de la rivière étant très faible, l'eau est détournée dans les cultures au moyen de simples levées de terres.

C. *Oued Bou Mazouz (oued Bitam).* — L'oued Bou Mazouz est coupé de plusieurs barrages construits par les indigènes du douar Seggana. Cette tribu cultivait autrefois les terres de Roumila et de Fagoussia, irrigués par les barrages de ce nom, qui sont décrits dans les paragraphes 3 et 7 (B). Au moment de l'application du sénatus-consulte, ces terres furent distraites du douar Seggana et attribuées au douar Bitam. Actuellement, les Saharis, habitant ce dernier douar, ont abandonné ces terres et cultivent, en aval, des terrains qu'ils arrosent sur les deux rives au moyen de plusieurs barrages.

D. *Oued Berhoum.* — L'eau des sources reconnues dans l'oued Berhoum est arrêtée par un barrage et sert aujourd'hui à irriguer la rive gauche.

E. *Oued Magra.* — Il existe, à la sortie des gorges où coule l'oued Magra, dans sa partie supérieure, un barrage qui en déverse toute l'eau sur la rive gauche, en temps ordinaire. Ce barrage est à 4 kilomètres en amont des vestiges de canalisations qui ont été énumérés au paragraphe 5. Au moment des crues, l'eau de la rivière est arrêtée par de nombreux barrages répartis sur une longueur de 8 kilomètres au-dessous du premier.

F. *Aïn Defila.* — Les sources d'Aïn Defila n'ont pas été jusqu'à présent utilisées pour les cultures. Leur faible débit a fait reculer devant la dépense très élevée que nécessiterait l'établissement d'une

[1] Le travail a été en effet exécuté depuis que M. Soulé écrivait ces lignes.

canalisation qui ne devrait pas avoir moins de 3,500 mètres pour arriver aux premières cultures; le prix d'une canalisation métallique dépasserait en effet 20,000 francs. Le débit de 60 litres à la minute n'est réellement pas suffisant pour permettre d'engager une telle dépense.

Le rapide aperçu que nous avons donné des travaux hydrauliques des anciens permet de se rendre compte que, depuis longtemps, les rivières du Hodna ont été utilisées pour le développement de l'agriculture.

Si la prospérité actuelle n'est pas aussi grande qu'autrefois, cela tient, croyons-nous, aux changements survenus dans le régime des eaux, plus encore qu'à un mode d'emploi incomplet ou mal entendu des ressources du pays. Sans faire preuve d'un optimisme exagéré, on peut, en effet, dire que l'eau amenée par les rivières, dans la partie du Hodna qui nous intéresse, est assez bien utilisée au point de vue agricole.

XXVIII

TRAVAUX HYDRAULIQUES ANCIENS DANS LE CERCLE DE BOU SAÀDA

(Division d'Alger).

NOTICE DU CAPITAINE FAISANT FONCTIONS DE COMMANDANT SUPÉRIEUR.

On rencontre, sur plusieurs points du cercle de Bou Saàda, quelques vestiges de la domination romaine, mais il n'existe de traces visibles de travaux hydrauliques qu'aux trois endroits ci-après :

1° Un aqueduc à Mezerzou, dans la tribu des Oulad Khaled (au sud-est de Bou Saàda);

2° Un réservoir et un aqueduc à Aïn bou Mellil, également dans la tribu des Oulad Khaled;

3° Un barrage sur l'oued El Ham, dans la tribu des Oulad Sidi Brahim (au nord de Bou Saàda).

1° **Aqueduc de Mezerzou.** — A Mezerzou se trouve une source qui débite actuellement environ 150 litres à la minute et d'où part un aqueduc romain, constitué en pierres et ciment; il mesure 0 m. 80 de largeur; le canal est large de 0 m. 40 et profond de 0 m. 22. Cet aqueduc est recouvert de terre sur une grande partie de son parcours, mais il n'en est pas moins assez nettement visible pendant 2 kilomètres environ.

Il se dirige en ligne droite au sud-est sur El Gahra, ruines d'une cité romaine (distante d'une dizaine de kilomètres environ de l'aïn Mezerzou) qu'on remarque au bord et sur la rive gauche de l'oued Chaïr[1].

D'après la tradition arabe, cet aqueduc aurait amené à El Gahra l'eau de la source de Mezerzou, qui est meilleure, comme eau d'alimentation, que celle du lit de l'oued Chaïr. Mais il est plus probable qu'il devait servir principalement à l'irrigation de la plaine qu'il traversait, plaine qui s'étend du Mezerzou à l'oued Chaïr et où le terrain se prête fort bien à la culture.

On dit, en effet, que le débit de cette source est bien moindre qu'autrefois. On pourrait l'aménager de manière à la rendre plus abondante et il serait alors possible, en cas de succès, d'accroître l'étendue des jardins qu'elle arrose actuellement. Ce n'est que dans le cas d'une grande augmentation de débit qu'on pourrait songer ensuite à rétablir un canal d'irrigation pour les cultures de la plaine qui s'étend vers l'oued Chaïr.

2° **Réservoir et aqueduc de l'aïn Bou Mellil.** — On remarque en ce point (au nord-est d'El Gahra) les ruines d'une cité romaine, en dehors de l'enceinte de laquelle se trouve un réservoir, actuellement comblé. Ce réservoir est de forme rectangulaire; ses dimensions sont de 12 mètres sur 6. Il était recouvert d'une voûte très surbaissée, qui est effondrée aujourd'hui.

De ce réservoir part un aqueduc, large de 1 m. 20 et dont le canal mesure 0 m. 40 de largeur et 0 m. 30 de profondeur. Les vestiges de cet aqueduc sont encore visibles sur une longueur d'une cinquantaine de mètres. Il devait servir à irriguer des jardins voisins de la cité.

[1] Sur El Gahra, voir en particulier LASSALLE, *Bull. archéologique du Comité*, 1889, p. 393-395.

Le réservoir était sans doute alimenté par les eaux de la source d'Aïn Bou Mellil qui n'en est distante que de 700 mètres environ, mais on ne trouve aucune trace du canal intermédiaire. Le débit actuel d'Aïn Bou Mellil n'est que de 15 litres environ à la minute. Ce débit pourrait être augmenté probablement par un nettoyage de la source, qui est ensablée par des éboulements.

3° **Barrage de l'oued El Ham.** — On trouve sur l'oued El Ham quelques vestiges d'un barrage romain qui a été enlevé, il y a bien longtemps, sur presque toute son étendue par les crues de la rivière.

Il avait une longueur de 16 mètres et était constitué par des pierres roulantes de toutes dimensions, agglomérées au moyen d'un ciment très dur, ce qui formait une sorte de béton fort résistant.

Un canal de dérivation, actuellement comblé, mais dont la berge aval se voit encore et qu'on peut suivre sur une longueur de 3 kilomètres environ, conduisait les eaux de l'oued dans la plaine de Ced el Djir, qui se prête à la culture.

En résumé, les vestiges des travaux hydrauliques exécutés dans le cercle de Bou Saàda pendant la domination romaine n'ont qu'une minime importance.

L'étude qui précède pourra être mise à profit, plus tard, quand les ressources financières de la commune indigène le permettront, pour établir de nouveaux ouvrages hydrauliques sur les points signalés, si l'utilité en est reconnue.

En ce qui concerne l'annexe de Sidi Aïssa, les restes des constructions antiques qu'on y rencontre sont sans grand intérêt et ne se rapportent pas à des travaux hydrauliques.

XXIX

TRAVAUX HYDRAULIQUES ANCIENS DANS LA COMMUNE MIXTE DE L'AURÈS

(Département de Constantine).

NOTE DE M. ARRIPE, ADMINISTRATEUR.

1° **Observations générales.** — L'altitude des montagnes situées dans la région nord-nord-est de la commune mixte de l'Aurès varie de 1,600 à 2,300 mètres. Aussi cette partie du territoire soumis à mon administration est-elle couverte de neige pendant plusieurs mois de l'année.

Il est souvent très dangereux de s'aventurer dans ces parages pendant l'hiver. Dès que les labours y sont terminés, les indigènes retournent soit dans les décheras du sud des tribus de l'oued Abdi et des Ouled Daoud, soit dans la commune mixte d'Aïn Touta.

Lorsque les hivers sont rigoureux, les indigènes se dispensent d'irriguer leurs récoltes (blé ou orge); mais ils n'agissent généralement pas de même pour le maïs et le sorgho, qu'ils arrosent au moyen de simples *souaghi* (canaux), partant des nombreuses sources situées sur ce territoire.

Le nombre des *souaghi* sillonnant la commune mixte de l'Aurès est considérable et plusieurs ont certainement été faites par les Romains; toutes sont très bien entretenues par les usagers indigènes, qui ont rarement des contestations entre eux. Ces canaux ont été reconnus récemment par les commissaires délimitateurs chargés d'appliquer dans l'oued El Abiod et l'oued Abdi les opération prescrites par le sénatus-consulte du 22 avril 1863.

2° **Canal de Tiranimine (oued El Abiod).** — Masqueray, dans son mémoire intitulé : *Note concernant les Ouled Daoud du mont Aurès (Aourâs)*, s'exprime en ces termes (page 17) : « . . . Au premier tiers de la forte ondulation très découpée qui forme la rive droite de l'oued El Abiod, les Romains avaient tracé un long canal qui recueillait les eaux de toutes les sources et se dirigeait précisément depuis la base du piton d'Arris jusqu'à la gorge de Tiranimine.

« Les Ouled Daoud ont trouvé utile d'élever leurs villages au-dessus de la saguia romaine. Ajoutons que les mamelons, d'autant plus nets et plus élevés qu'ils sont plus loin de la rivière, leur offraient des positions défensives naturellement très fortes qu'ils n'avaient garde de négliger. »

3° **Canal de Ménâa (oued Abdi).** — On remarque sur les berges de l'oued Bouzina et plus bas, au confluent de cette rivière et de l'oued Abdi, de nombreuses entailles faites dans les rochers; elles affectent toutes une forme carrée (0 m. 20 environ de côté et de profondeur). Ces entailles[1] se rapportent évidemment à un canal destiné à amener l'eau d'une source située à 2 kilomètres au nord de la dechera actuelle, d'abord à Ménâa, puis, au moyen d'un aqueduc sur l'oued El Abdi, dans un fort dont on remarque les vestiges près d'Ouarka.

XXX

TRAVAUX HYDRAULIQUES ANCIENS SUR LE TERRITOIRE DE TKOUT (AURÈS).

NOTICE DE M. LE LIEUTENANT LAFFORGUE.

1° **Observations générales.** — Le territoire du poste de Tkout renferme d'assez nombreux vestiges de travaux hydrauliques anciens. Ils se rencontrent surtout sur les rives de l'oued El Abiod.

Ce cours d'eau, de beaucoup le plus important du poste, prend sa source à Médina, près du djebel Chélia. Après avoir arrosé le territoire de la tribu des Ouled Daoud (commune mixte de l'Aurès), il pénètre dans celui du poste par la gorge de Tiranimine, arrose les terrains de culture et les palmeraies des douars Rassira et Mchounech, dans la tribu des Béni bou Slimane; enfin il débouche

[1] Voir au sujet de ces entailles la notice suivante, paragraphe 2.

dans le Sahara, où il traverse plusieurs oasis. Son débit est permanent. Pendant la saison pluvieuse, son volume d'eau est considérable et ses crues causent parfois de grands dégâts dans les jardins situés sur ses rives.

Des traces de l'hydraulique ancienne existent aussi sur les rives de l'oued Thennaoura, affluent de l'oued El Abiod, mais elles sont presque insignifiantes. Enfin, sur l'oued Sidi Masmoudi et l'oued Mizab, qui prennent naissance dans les pentes méridionales de l'Ahmar Khaddou, on voit également quelques travaux exécutés par les anciens.

A Tkout, il existe un bassin de date très reculée. Il sert de déversoir à une source de débit permanent, source irriguant les terrains de culture des indigènes de cette localité.

Le poste de Tkout est presque entièrement situé dans le massif montagneux de l'Aurès. Le sol y est, à peu près partout, rocheux, abrupt et improductif. Les eaux en ont bouleversé complètement et en bouleversent tous les jours la physionomie. A chaque pas, ce ne sont que ravins, fondrières, dépressions de terrains, que les pluies d'hiver creusent encore davantage. Tel terrain qui, autrefois, était propre à la culture, est aujourd'hui rocailleux et totalement dépourvu de terre végétale, celle-ci ayant été entraînée par les eaux dans les vallées.

Cependant, de loin en loin, sur les points où la déclivité du sol est moins forte, se trouvent des parcelles cultivables, créées par l'industrie des habitants à l'aide d'apports de terre et de fumiers et soutenues par des murs en pierres sèches. Dans les vallées, on rencontre des jardins de palmiers et d'arbres fruitiers qui constituent la richesse principale de la population.

En dehors des points indiqués plus haut, nul reste de travaux hydrauliques anciens. Il y a tout lieu de croire cependant que des barrages, levées, digues, écluses, etc., ont été construits en maints endroits. Ces ouvrages, qui ont dû être abandonnés ou mal entretenus, ont probablement disparu sous l'action dévastatrice du temps. On peut également supposer que les eaux ont recouvert une partie d'entre eux d'une épaisse couche de galets et de terre. Dans tous les cas, il ne nous a pas été possible d'être éclairé à cet égard.

2° **Canaux d'irrigation.** — Tous les canaux dont les restes existent sur les rives de l'oued El Abiod, de l'oued Thennaoura, de l'oued Sidi Masmoudi et de l'oued Mizab servaient à l'irrigation des terrains de culture situés le long de ces cours d'eau.

Ils suivent les sinuosités du roc dans lequel ils sont taillés. Ils ont tous les mêmes dimensions : 0 m. 35 de profondeur, 0 m. 30 de largeur à la partie inférieure et 0 m. 35 à la partie supérieure. Le bord extérieur a une largeur variable.

Chaque canal, à n'en pas douter, s'amorçait à un barrage, construit dans le lit de la rivière en un point tel que la tête du canal d'irrigation se trouvât au même niveau que les terrains à irriguer. Aucune trace de barrage ne confirme cependant ce que nous avançons.

En certains lieux, il existe des traces de canaux superposés.

Des trous, de 0 m. 12 à 0 m. 15 de diamètre et de profondeur et ayant entre eux un intervalle variant entre 0 m. 30 et 0 m. 75, ont été creusés à 0 m. 30 et 0 m. 40 au-dessous des canaux d'irrigation. Ces trous avaient certainement leur utilité. Quelle était-elle ? N'avaient-ils pas pour but de faciliter l'installation des échafaudages destinés aux travailleurs ? Nous ne saurions être affirmatif, aucun indice n'étant venu à notre aide pour nous permettre de répondre dans ce sens.

Un certain nombre de canaux anciens ne sont pas utilisés, parce que les terrains irrigués par les uns ont disparu, et que les autres, presque entièrement détruits, irrigueraient, s'ils étaient réparés, un sol caillouteux, dépourvu de terre végétale et par conséquent improductif.

Mais la population actuelle emploie tous les canaux anciens qui peuvent l'être. Elle y exécute même des réparations, et, fait digne de remarque, elle s'est inspirée des travaux dont les restes existent encore pour construire en plusieurs endroits des conduits d'irrigation reliant des terrains de culture situés au même niveau et séparés par une masse rocheuse. Ces canaux, construits avec des pieux plantés dans le roc et formant support, avec des pierres et de la chaux, ont une grande solidité. Ils ont sensiblement les mêmes dimensions que ceux qui ont été faits il y a des siècles.

Pour amener l'eau dans les canaux anciens, les indigènes établissent tout d'abord, au point où la rivière est au niveau des terrains à irriguer, un barrage (pierres et branchages), de 0 m. 30 à 0 m. 40 de hauteur. Un tel barrage, on le conçoit aisément, n'a pas de solidité et doit, par suite, être souvent refait. Une fois le barrage installé, ils creusent dans le sol de petits canaux dits *souaghi*, destinés à conduire les eaux dans les canaux anciens dont ils se servent.

Si les travaux exécutés par la main-d'œuvre indigène sont rudimentaires et réclament des soins constants, ils offrent du moins le très grand avantage de n'occasionner aucune dépense soit aux propriétaires, soit à la commune.

3° **Bassin de Tkout.** — Le bassin antique du village de Tkout est en partie détruit. Il affecte la forme d'une circonférence dont le diamètre est de 27 mètres. La profondeur est de 1 m. 30. Deux degrés de 0 m. 55 de hauteur permettent d'y descendre facilement. Deux piliers, épais de 0 m. 75, et à 7 m. 30 l'un de l'autre, font corps avec la construction et donnent plus de solidité aux parois. La partie supérieure du mur du bassin a une épaisseur de 0 m. 45. Une ouverture pratiquée dans ce mur laisse sortir l'eau.

Cet ouvrage, situé sur le flanc d'une montagne et à une centaine de mètres d'une source à débit permanent, a été construit à l'aide de pierres de dimensions variables et de chaux. En certains endroits, la surface intérieure est encore revêtue d'une couche de ciment.

Des maisons ont été bâties sur la partie du bassin qui a disparu. Mais on ne relève aux environs aucune trace de constructions anciennes, et rien n'indique le trajet parcouru autrefois par l'eau pour se déverser, comme aujourd'hui, de la source dans le bassin et, de là, dans les terrains de culture situés à proximité.

Ce réservoir, tel qu'il est actuellement, est très utilisé. A partir du mois d'avril, c'est-à-dire après les pluies d'hiver, et jusqu'au mois de juillet, époque de la récolte de l'orge et du blé, l'ouverture pratiquée dans le mur du bassin est fermée tous les soirs. Au lever du jour, le bassin, qui s'est rempli pendant la nuit, est ouvert et l'eau qu'il contient sert à l'irrigation des cultures. On opère de la même manière en août et en septembre, époque à laquelle les champs sont ensemencés de maïs. Du bassin, l'eau se déverse dans les terrains à irriguer par des canaux dits *souaghi* creusés dans le sol. Un canal du même genre conduit l'eau de la source dans le bassin.

XXXI

OBSERVATIONS GÉNÉRALES SUR LES TRAVAUX HYDRAULIQUES ANCIENS DANS LA COMMUNE MIXTE DE KHENCHELA.

NOTICE DE M. DEMANGE, ARCHITECTE-VOYER COMMUNAL.

La commune mixte de Khenchela renferme de nombreuses ruines romaines, mais ces vestiges sont surtout ceux de fermes et de villages, plus ou moins considérables.

Au point de vue spécial de l'hydraulique, il n'existe, à notre connaissance, aucun reste important des installations d'eaux exécutées dans l'antiquité, en dehors des piscines de la Fontaine-Chaude, du captage qui les alimente [1] et du réservoir qui est situé près des sources d'eau potable de Khenchela [2]. Il y a cependant lieu de remarquer qu'auprès de toutes les sources et les dominant, on voit des ruines d'une étendue plus ou moins grande, suivant l'importance de la source.

Toutes les dépressions des environs de Khenchela sont coupées par des alignements de grosses pierres, établis à des distances variables, selon la pente, et qui, encore aujourd'hui, empêchent le ravinement.

Ces murs en pierres sèches devaient autrefois permettre aux eaux pluviales de pénétrer dans le sol, au lieu de courir à sa surface, et maintenir les terres cultivées ou les plantations d'arbres fruitiers.

Enfin tous les cours d'eau du versant nord des Aurès, situés dans la commune mixte de Khenchela, offrent cette particularité qu'avant d'atteindre la plaine, où leurs eaux se perdent dans des lacs, ils traversent plusieurs bancs de rochers généralement en grès, presque verticaux du côté d'aval. Le passage des eaux se réduit à quelques mètres seulement, et l'établissement d'un barrage y est facile. Mais

(1) Voir Gsell, *Les monuments antiques de l'Algérie*, I, p. 236 suiv.

(2) Gsell, *ibid.*, p. 281.

c'est aussi cette disposition qui explique probablement l'absence de toute trace des anciens barrages; ceux-ci devaient, en effet, être simplement appuyés sur les parements des rochers et n'avoir pour fondation que le lit de la rivière, où le roc est apparent. Les eaux, après la rupture, ont peu à peu repris leur cours et détruit les travaux; les bancs rocheux s'effritant facilement à cause de leur situation dans une gorge, les vestiges de maçonnerie ont disparu, entraînés par les crues.

Une conséquence probable de cet aménagement des eaux est qu'à l'époque où les barrages fonctionnaient les lacs considérables existant aujourd'hui devaient être d'une surface très limitée; peut-être même étaient-ils desséchés.

L'étude complète des travaux exécutés par les anciens en ce qui concerne l'hydraulique agricole dans la région de Khenchela serait évidemment très intéressante, mais nécessiterait des fouilles coûteuses et des mois de travail. Aussi ne pouvons-nous qu'indiquer les idées générales que nous a suggérées un séjour assez long dans le pays.

XXXII

CONDUITE D'EAU ROMAINE, ENTRE KHANGA SIDI NADJI ET BADÈS, LE LONG DE L'OUED EL ARAB.

RAPPORT DE M. LE LIEUTENANT TOUCHARD.

La tournée qui motive le présent rapport a eu pour but de rechercher comment les Romains avaient amené les eaux de l'oued El Arab à Badès et d'étudier s'il ne serait pas possible d'utiliser pour l'irrigation, ou, au moins, l'alimentation en eau potable des villages de Liana, Badès, El Ksar, les anciennes conduites d'eau qui pouvaient être enfouies sous le sol, conduites dont certaines parties sont encore apparentes entre Liana et Khanga Sidi Nadji.

Suivant à leur sortie de Khanga Sidi Nadji un lit large, caillouteux, fréquemment bouleversé par les crues et très perméable, les eaux de l'oued El Arab n'ont point, pendant l'été, un débit suffi-

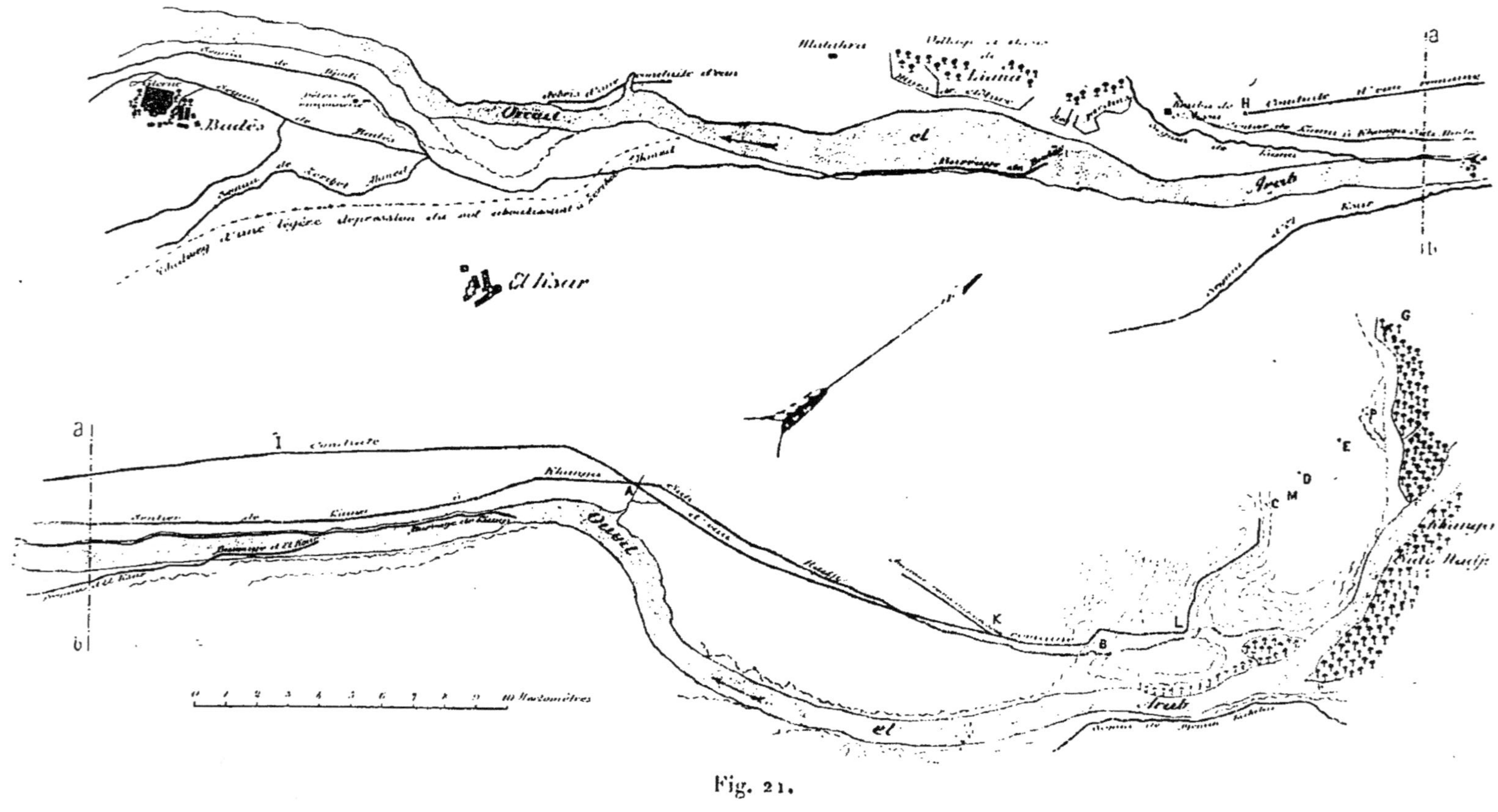

Fig. 21.

sant pour atteindre Liana et disparaissent dans le sol entre ce village et Khanga Sidi Nadji.

Aussi les habitants des villages du Zab Chergui ont-ils consenti à ce que, chaque année, du 15 mai au 15 septembre, les habitants de Khanga Sidi Nadji retiennent pour leur usage personnel toutes les eaux de l'oued El Arab.

Pour subvenir à leurs besoins, pendant cette période du 15 mai au 15 septembre, les habitants de Liana, Badès, El Ksar, ont été obligés de creuser, auprès de leur village, de grandes mares qu'ils remplissent à l'époque des crues et où s'abreuvent, pendant l'été, les hommes aussi bien que les animaux. Cette eau croupie et salée est fort désagréable au goût et des plus insalubres [1].

Il serait donc du plus grand intérêt de chercher à améliorer cette situation.

Dans un des pans de murailles romaines qui sont encore debout au pied de Badès, on remarque un tronçon de canal en grosses briques cimentées, canal traversant la muraille.

Sur la rive gauche de l'oued El Arab, au point où cette rive serait rencontrée par une ligne droite tracée de l'entrée de Badès à l'entrée de Liana, on voit plusieurs blocs de maçonneries informes, suivant la même direction vers Liana, après avoir traversé l'oued El Arab. Sur la rive droite de cette rivière, subsistent quelques débris d'une conduite d'eau dont les indigènes attribuent la construction aux Romains. Enfin, entre Liana et Khanga Sidi Nadji, en trois points différents, qui, sur le croquis annexé au présent rapport (fig. 21), sont marqués des lettres A, B, C, une conduite romaine, dont les matériaux et la construction établissent d'une façon indiscutable l'origine, a été rompue par les eaux de pluie et montre à découvert des tronçons dont les prolongements disparaissent dans le sol.

Ces divers débris appartenaient-ils à un seul tout, et les parties enfouies sous terre étaient-elles encore utilisables? C'est ce qu'il s'agissait de rechercher.

Les journées des 5, 6, 7, 8 octobre 1899 ont été consacrées aux fouilles et à l'établissement du croquis reproduit ci-joint. Le tracé de la *séguia* romaine entre Liana et Khanga Sidi Nadji a été levé à la chaîne et à la boussole et les distances calculées les unes au pas, les

(1) Depuis quelques années seulement, Badès a été pourvue d'une citerne cimentée.

autres à la vue. Le travail de fouilles a été réparti entre les habitants des différents villages.

Les habitants d'El Ksar ont recherché si les terres avoisinant leur village n'avaient point, à l'époque romaine, été irriguées par quelque conduite d'eau qui, partant des gorges de Khanga Sidi Nadji, aurait suivi la rive gauche de l'oued El Arab. Ce chantier n'a donné aucun résultat.

Les habitants de Badès ont fait des recherches sur la rive droite et sur la rive gauche de l'oued, entre Liana et Badès. Il a été reconnu qu'il était peu pratique de jamais songer à irriguer Badès par une conduite, qui, après avoir suivi la rive droite, devrait traverser le lit de la rivière.

Les habitants de Liana ont mis à découvert, sur une étendue de 5 kilomètres environ, entre leurs jardins et ceux de Khanga Sidi Nadji, une conduite d'eau romaine en très bon état de conservation dans la plus grande partie de sa longueur, et qu'il serait facile de rétablir à peu de frais.

La continuation vers l'oued El Arab du canal traversant le pan de muraille romaine de Badès n'a pas pu être retrouvée, car, au nord et à l'est du village, le terrain que devait traverser ce canal est occupé par une mare profonde, large de plus de 20 mètres, creusée par les indigènes avant l'occupation française. La zone qui s'étend entre cette mare et l'oued a été bien souvent bouleversée par les crues; les travaux de labour ont nécessité l'enlèvement des maçonneries qui pouvaient s'y trouver et dont les pierres ont dû être employées aux constructions du village. Les blocs marqués sur le croquis le long de la séguia de Djadi, non loin de la rive gauche de l'oued El Arab, semblent, à en juger par la constitution de la chaux qui les compose, être d'origine romaine, mais ils sont informes et ne peuvent fournir aucun renseignement.

Sur la rive droite de l'oued, longeant le bord d'une large berge à pic, élevée de 4 à 5 mètres au-dessus du fond de la rivière, une conduite d'eau en maçonnerie, large de 0 m. 35, profonde de 0 m. 40 a été mise à découvert et entièrement déblayée sur une longueur de 300 à 400 mètres. Elle traverse un terrain raviné par les eaux des pluies; elle est, elle-même, crevassée en de nombreux points et ne tardera pas à être entraînée dans le lit de l'oued.

Entre ce premier tronçon de conduite et le village de Liana, aucune trace de construction romaine n'a été relevée.

Il est certain que les travaux hydrauliques construits par les anciens le long de l'oued El Arab ont été poussés jusqu'à Badès, qui, sous la domination romaine, était le seul point important de la région[1], tandis que les emplacements d'El Ksar et Liana n'étaient occupés que par quelques fermes isolées. Il est certain que le tronçon du canal traversant la muraille de Badès, les blocs de maçonnerie trouvés auprès de la séguia de Djadi et les débris de conduits, visibles le long de la rive droite de l'oued, indiquent nettement une partie du tracé suivi par une conduite d'eau romaine.

D'un autre côté, lorsqu'on examine les énormes difficultés que devait rencontrer la construction d'un aqueduc à travers le lit toujours variable de l'oued El Arab, oued qui, au moment des crues, roule dans ses eaux des blocs de rochers et bouleverse tout sur son passage; qu'en même temps on remarque les facilités relatives qu'ont eues les habitants de Khanga Sidi Nadji pour capter dans les gorges en amont de leur village les eaux de ce même oued et les amener en suivant la rive gauche sur leurs terres de culture de Djenan Lakdar, on se demande pourquoi les Romains, dont le but à atteindre était Badès, ont suivi la rive droite plutôt que la rive gauche. Une seule hypothèse admissible se présente à l'esprit, c'est qu'à l'époque de l'occupation romaine la rivière coulait à l'est de Badès, tandis qu'aujourd'hui elle coule à l'ouest de ce village. J'ai émis cette hypothèse en présence d'indigènes qui m'ont déclaré que, d'après une ancienne tradition, l'oued El Arab aurait, à une époque très reculée, eu son lit entre El Ksar et Badès et se serait dirigé, non point comme aujourd'hui vers Zéribet el Oued, mais vers Zéribet Ahmed. Un vieillard a affirmé avoir entendu son père dire qu'il avait encore connu, au temps de son enfance, un léger ravin entre El Ksar et Badès, ravin qui, au moment des grandes crues, recevait parfois l'eau de l'oued et la conduisait à Zéribet Ahmed. L'emplacement de ce ravin, aujourd'hui disparu, m'a été montré et j'ai remarqué, entre El Ksar et Badès, une légère dépression qui, je l'ai vérifié dans la matinée du 9 octobre, se continue sans interruption jusqu'à Zéribet Ahmed: elle est du reste suivie par la séguia qui amène les eaux de l'oued El Arab dans ce dernier village.

De ces observations, il résulte pour moi la conviction que l'oued El Arab passait, à l'époque romaine, entre Badès et El Ksar, qu'ac-

[1] Conf. Cagnat, *L'armée romaine d'Afrique*, p. 565.

tuellement la construction d'un aqueduc entre Liana et Badès serait, sinon impossible, du moins d'un prix hors de proportion avec le résultat à atteindre et qu'enfin le seul moyen pratique d'amener l'eau des gorges de Khanga Sidi Nadji auprès des villages de Badès et d'El Ksar, en évitant le lit trop perméable de l'oued, consisterait à déverser la part d'eau de ces villages dans la séguia de Djenan Lakdar et d'embrancher sur cette dernière séguia, à hauteur des terres à irriguer, de nouveaux canaux adducteurs, en terre seulement, sans maçonneries.

Le chantier formé par les habitants de Liana a tout d'abord commencé ses travaux en A, petit ravin creusé par les eaux de pluies, où deux tronçons de conduite romaine sont apparents. En ce point, les travailleurs se sont divisés en deux groupes dont l'un a tenté de déblayer cette conduite depuis A jusqu'à Liana, et l'autre, depuis A jusqu'à Khanga Sidi Nadji.

Les recherches de ces deux équipes ont mis en effet à découvert, entre Liana et Khanga Sidi Nadji, un aqueduc dont les diverses parties seront décrites plus loin. Vu le peu de temps qui pouvait être consacré à ce travail, on a bientôt dû renoncer à déblayer en entier la conduite : on en a seulement déterminé le tracé et vérifié l'état de conservation par des tranchées de place en place.

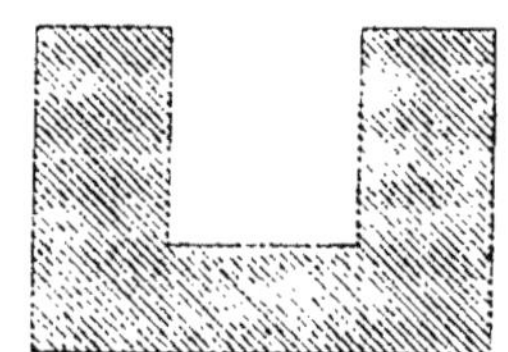

Fig. 22.

Partout la section du canal a été reconnue être la même ; elle mesure o m. 30 de largeur, o m. 40 de profondeur (voir la coupe, fig. 22). La maçonnerie est composée de cailloux de rivière, liés par de la chaux hydraulique qui a la dureté de la pierre ; les parois intérieures étaient revêtues d'un léger enduit de ciment qui subsiste en certaines parties, mais qui, en d'autres, s'est écaillé et détaché des parois.

L'épaisseur de cette maçonnerie est variable : tandis qu'en A les murs latéraux ont o m. 25 et le fond o m. 20 d'épaisseur, l'épaisseur de ces murs latéraux et du fond est en B de o m. 40.

Il eût été important de pouvoir déterminer avec exactitude la pente de la conduite, afin de calculer la quantité d'eau maxima qu'elle serait capable de débiter si elle était entièrement remplie ; malheureusement, le niveau d'Égault que j'avais emporté a été détérioré pendant le transport. Je me suis efforcé de corriger les erreurs que son défaut de réglage a certainement dû entraîner. J'ai, dans ces conditions, mesuré entre deux points distants de 100 mètres une différence de niveau de 0 m. 80; d'un autre côté, un baromètre de poche a indiqué, entre le point où la conduite d'eau romaine débouche dans la vallée de l'oued El Arab et le point H, auprès de Liana, une différence d'altitude de 55 à 60 mètres. De ces observations, peu précises, je l'avoue, il semble résulter que la pente est de 8 à 10 millimètres par mètre; elle paraît être uniforme sur toute la longueur de la conduite. En admettant 0 m. 008, le débit que pourrait fournir la conduite d'eau romaine restaurée serait d'environ 19 mètres cubes par minute.

Cette conduite n'a été mise à découvert que jusqu'au point H, à 250 mètres environ du village de Liana; le temps, qui était limité, a exigé l'interruption des recherches. De A jusqu'à K, la position et l'état actuel de l'aqueduc ont été reconnus à l'aide de tranchées, faites à des distances variant de 20 à 50 mètres.

En H, le fond du canal est à environ 1 mètre au-dessous du sol naturel. Au temps où il était utilisé, ce canal devait traverser la partie de terrain comprise entre H et I en tranchée ouverte, car on retrouve, appuyées contre ses parois latérales, de grosses pierres de rivière qui, probablement, étaient destinées à empêcher la chute des talus. De I à K, en passant par A, la conduite est recouverte de grosses pierres, placées simplement à côté les unes des autres, sans joints de mortier.

En A, entre I et K, les eaux de pluie ont formé un petit ravin et ont rompu la maçonnerie sur une longueur de 6 mètres. La réparation de cette rupture serait des plus faciles.

En K, l'aqueduc affleure le sol; les grosses pierres formant couverture ont été enlevées, le canal est rempli de terre et de gravier, mais en excellent état de conservation jusqu'au ravin B, sur lequel devait exister autrefois un pont, lequel a complètement disparu. La longueur de la rupture en B est de 19 mètres.

De B à L, les habitants de Liana n'ont point eu à faire de fouilles, une profonde tranchée, exécutée autrefois par les habitants de Khanga Sidi Nadji, met la conduite romaine à découvert en de nombreux points et suffit pour montrer qu'elle est encore en bon état.

De L en C, elle suit, à flanc de coteau, la rive droite d'un profond ravin dont les bords sont couverts d'éboulis qui cachent toute maçonnerie en dix points différents. Des recherches ont été faites et, contrairement à mon attente, en chacun de ces points, la conduite a été retrouvée parfaitement conservée.

En C, elle est interrompue; la rive gauche opposée s'élève rapidement sans laisser deviner un passage, et atteint un plateau incliné du nord au sud, plateau dont le bord délimitant la rive du ravin est à un niveau de 10 mètres environ plus élevé que celui des maçonneries de la rive droite. La vue du terrain permet de supposer que la conduite a dû traverser par un tunnel le plateau qui sépare le ravin C de Khanga Sidi Nadji. Sur le plateau on remarque deux puits D et E.

En 1894, à Oudjebel Smara, dans le cercle de Tébessa, j'avais déjà eu l'occasion de mettre à découvert une canalisation souterraine, composée d'une galerie communiquant avec l'extérieur par de nombreux puits, distants les uns des autres de 8 à 10 mètres; aussi m'a-t-il été facile de reconnaître en D et en E les regards par lesquels les Romains avaient dû extraire les déblais des galeries. Restait à découvrir les entrées et sorties du tunnel.

Les habitants de Khanga Sidi Nadji ont alors avoué qu'ils avaient connaissance d'un passage souterrain, passage que le caïd Si Mohammed Taïeb ben Hacene avait autrefois fait déblayer et par lequel il avait amené l'eau de l'oued El Arab jusqu'à son terrain de culture du Feidh Sella.

L'entrée et la sortie P et M de ce tunnel m'ont été indiquées.

Les amas de pierres qui cachaient l'ouverture M furent aussitôt enlevés et une galerie, creusée d'une façon irrégulière, fut mise à découvert. Elle traverse, pour atteindre la vallée de l'oued El Arab, un massif de poudingue. J'ai pénétré dans cette galerie, mais ne me suis pas éloigné de plus d'une vingtaine de mètres de l'entrée, faute d'une lampe qui me permît d'examiner la solidité des parois.

Les éboulis qui cachaient l'ouverture P n'ont été déblayés qu'à la fin de la dernière journée; lorsque le travail a été interrompu, cette ouverture n'était point encore assez large pour laisser passer un homme, et des circonstances indépendantes de ma volonté m'ont empêché de faire poursuivre les déblais le lendemain.

Cette ouverture P est à environ 5 ou 6 mètres au-dessus du fond de l'oued El Arab.

J'ai remonté le cours de la rivière jusqu'à près de 2 kilomètres en amont du point P, lequel est à hauteur du centre du village de Khanga Sidi Nadji. Ni sur la rive droite, ni dans les jardins, ni dans les gorges de l'oued, on ne retrouve plus, en amont de P, de traces de canaux ou barrages romains.

Vers 1860, le caïd de Khanga Sidi Nadji voulant irriguer les terres qu'il possédait au lieu dit Feidh Sella, au nord de Liana, songea à utiliser le passage souterrain M-P et la conduite romaine. Le barrage supérieur de Khanga Sidi Nadji, placé à environ 1,500 mètres en amont du village, amenait déjà les eaux de la rivière dans la partie la plus élevée des jardins de la rive droite; aujourd'hui encore, les eaux captées par ce barrage atteignent le point G, à environ 200 mètres du point P, et à un niveau supérieur à celui-ci. De G, les eaux furent conduites en P par une séguia creusée à flanc de coteau, séguia aujourd'hui détruite; le passage souterrain P-M fut déblayé, le ravin C fut franchi sur une chaussée en pierres et terre, dans le corps de laquelle quelques trous avaient été ménagés pour l'écoulement des eaux de pluie passant dans le ravin; la conduite romaine fut déblayée de C en K, la coupure des maçonneries en B fut franchie à l'aide d'une séguia indigène. En K, la conduite romaine fut abandonnée et, à partir de ce point jusqu'aux terres de Feidh-Sella, l'eau d'irrigation suivit un fossé dont la trace subsiste.

Des indigènes vivent encore à Khanga Sidi Nadji qui, autrefois, ont traversé le passage souterrain; ils prétendent que la hauteur de ce tunnel était d'environ 2 mètres, qu'il était aéré par les deux puits D et E et par ces deux puits seulement.

Depuis l'insurrection de 1871, les terres de Feidh Sella ne sont plus irriguées par les eaux de l'oued El Arab, le tunnel n'a plus été entretenu, les eaux de pluie ont provoqué des éboulements de terre qui ont obstrué le fond des puits D et E et, par suite, la partie la plus voisine des galeries y aboutissant,

La connaissance des travaux du même genre me porte à admettre que le passage souterrain avait, à l'époque romaine, une hauteur d'environ 2 mètres, une largeur d'environ 1 m. 50, qu'il communiquait avec la partie supérieure du plateau par de nombreux puits distants les uns des autres d'environ 10 mètres, puits pratiqués pour l'extraction des déblais. Ce passage n'était point maçonné; seul, le fond devait supporter une conduite en pierres, chaux et ciment, semblable à celle dont les restes ont été retrouvés entre le point M et le village de Liana.

Un canal maçonné, passant à flanc de coteau, semblable à ceux que nous avons fait déblayer, devait relier le tunnel à un barrage établi dans l'une des gorges de l'oued.

Rien ne subsiste de cette dernière partie du canal; le barrage a également disparu.

Quels seraient les travaux à exécuter pour rétablir la conduite romaine entre Khanga Sidi Nadji et Liana?

Le premier soin devrait être, me semble-t-il, de déblayer le passage souterrain, qui ne peut être obstrué qu'auprès des ouvertures M et P et au point où ce passage rencontre les puits D et E. Si ce tunnel est utilisable, il sera d'un travail facile de relier, par une séguia en terre et pierres ou par une conduite en maçonnerie cimentée, l'ouverture P au point marqué G sur la carte annexée au présent rapport (fig. 21), point où aboutit encore une des branches de la grande séguia, qui, alimentée par le barrage supérieur de Khanga Sidi Nadji, est destinée à irriguer les parties hautes de la rive droite de l'oued El Arab. On serait, par conséquent, dans l'obligation d'emprunter une séguia appartenant aux habitants de Khanga Sidi Nadji : projet qui, il faut le dire, rencontrerait certainement chez ces derniers une violente opposition.

Je n'ose point parler de la création d'un fort barrage en maçonnerie dans les gorges de la rivière; c'est là un projet dont l'exécution, à cause même de son importance et de son prix élevé, risque fort d'être indéfiniment retardé.

J'ai recherché seulement les moyens de donner, dans le plus bref délai possible et à peu de frais, aux habitants de Liana l'eau qui leur est nécessaire pour leur alimentation et qui leur fait complètement défaut pendant l'été.

Pour obtenir ce résultat, le léger barrage supérieur de Khanga Sidi Nadji suffit complètement.

Lorsque l'eau de l'oued El Arab, traversant le passage souterrain M-P, aura atteint le ravin C, on ne rencontrera plus d'obstacles pour l'amener jusqu'à Liana, car la conduite romaine a été trouvée en parfait état de conservation partout où il a été fait des fouilles, excepté toutefois aux traversées des ravins A, B, C. Ces ravins pourront être franchis par de légers aqueducs en tôle, supportés par des fers à T.

En résumé, de la reconnaissance un peu rapide qui a été faite, il résulte que :

1° Entre Badès et les gorges de l'oued El Arab, situées en amont de l'emplacement aujourd'hui occupé par le village et les jardins de Khanga Sidi Nadji, existait, à l'époque romaine, une conduite d'eau en pierres de rivière, chaux hydraulique et ciment, dont la plus grande partie est encore aujourd'hui intacte.

2° A cette époque, l'oued El Arab coulait entre El Ksar et Badès, tandis qu'aujourd'hui il coule entre Badès et Liana.

3° Il est possible, à peu de frais, de rétablir l'ancienne conduite romaine entre Khanga Sidi Nadji et Liana et, par elle, d'amener, en toute saison, les eaux de l'oued El Arab à Liana. Au contraire, le déplacement du lit de l'oued El Arab s'oppose à tout projet de restauration de cette conduite entre Liana et Badès.

XXXIII

TRAVAUX HYDRAULIQUES ANCIENS AU KHANGUET SAFSAF

(Cercle de Tébessa).

NOTICE DE M. LE LIEUTENANT MOREL.

Il n'existe dans le cercle de Tébessa que bien peu de vestiges de travaux hydrauliques anciens.

Encore ces vestiges, ruines de barrages ou de déversoirs, fragments d'aqueducs en maçonnerie épars au débouché en plaine de quelques vallées, sont-ils généralement trop rares, trop éloignés les uns des autres, pour que l'on puisse reconstituer sûrement le système d'aménagement hydraulique auquel ils appartenaient.

Deux ouvrages seuls ont suffisamment résisté aux ravages du temps pour pouvoir être décrits.

Le premier, situé à Aïn Djedied, sur la route de Tébessa à Gafsa, est un travail de drainage, qui présente une grande analogie avec les *foggaras* du M'zab.

Il a fait l'objet d'une étude publiée par M. le lieutenant Durand.

adjoint au bureau arabe de Tébessa, dans le recueil de la Société archéologique de Constantine[1].

L'autre, situé dans le défilé de Khanguet Safsaf[2], est un travail important, comprenant des barrages ou des épis avec déversoirs, des aqueducs et des canaux d'irrigation.

Une faible partie de cet ouvrage est en Algérie; la portion la plus intéressante se trouve sur le territoire tunisien.

Le Khanguet Safsaf est un défilé profond, s'ouvrant à travers une chaîne de montagnes qui, sous les noms de djebel Botna, djebel Safsaf, djebel Serraguia et djebel Goubeul, s'étend de l'ouest à l'est, entre la route de Tébessa à Négrine et la route de Tébessa à Gafsa, par Fériana. Son tracé est sinueux et, tour à tour, l'une ou l'autre rive présente des berges à pic, qui atteignent parfois une hauteur de 60 mètres.

Au milieu du défilé, dont la longueur totale est d'environ 4 kilomètres, quelques petites sources sortent du lit de la rivière. Ce point d'eau s'appelle Oglat Safsaf.

Après un parcours de plusieurs centaines de mètres, l'eau se perd dans les sables, mais entretient la végétation d'un groupe de peupliers blancs, appelés en arabe *safsaf*, qui ont donné leur nom au défilé.

Le Khanguet Safsaf s'ouvre sur une plaine dans laquelle la rivière s'est frayé passage, taillant tout d'abord la rive droite en une falaise haute de 8 à 10 mètres, pour se rejeter plus tard sur la rive gauche.

La chaîne de montagnes coupée par cette brèche considérable a une hauteur moyenne de 1,200 à 1,300 mètres. Elle est assez importante pour déterminer, de même que les hautes montagnes du Doukane, du Bou Djellal et du Zarif, orientées comme elle de l'est à l'ouest, une différence très sensible au point de vue du climat entre les deux versants. Ici, l'opposition est particulièrement marquée : au nord, les cultures de céréales sont étendues et relativement prospères; au sud, elles sont rares et souvent éprouvées par la sécheresse. Sur un versant, la végétation est assez fournie, sur l'autre elle est maigre, et se rapproche par sa nature de celle des plaines sahariennes.

(1) Tome XXIX, 1894, p. 582-590.

(2) A une vingtaine de kilomètres au sud-ouest de Bir Oum Ali.

Le cours d'eau qui a rompu cette barrière d'apparence infranchissable prend naissance sous le nom d'El Ma el Assoud à Aïn Djedied, reçoit l'oued El Arneb qui, venant du Doukane, traverse

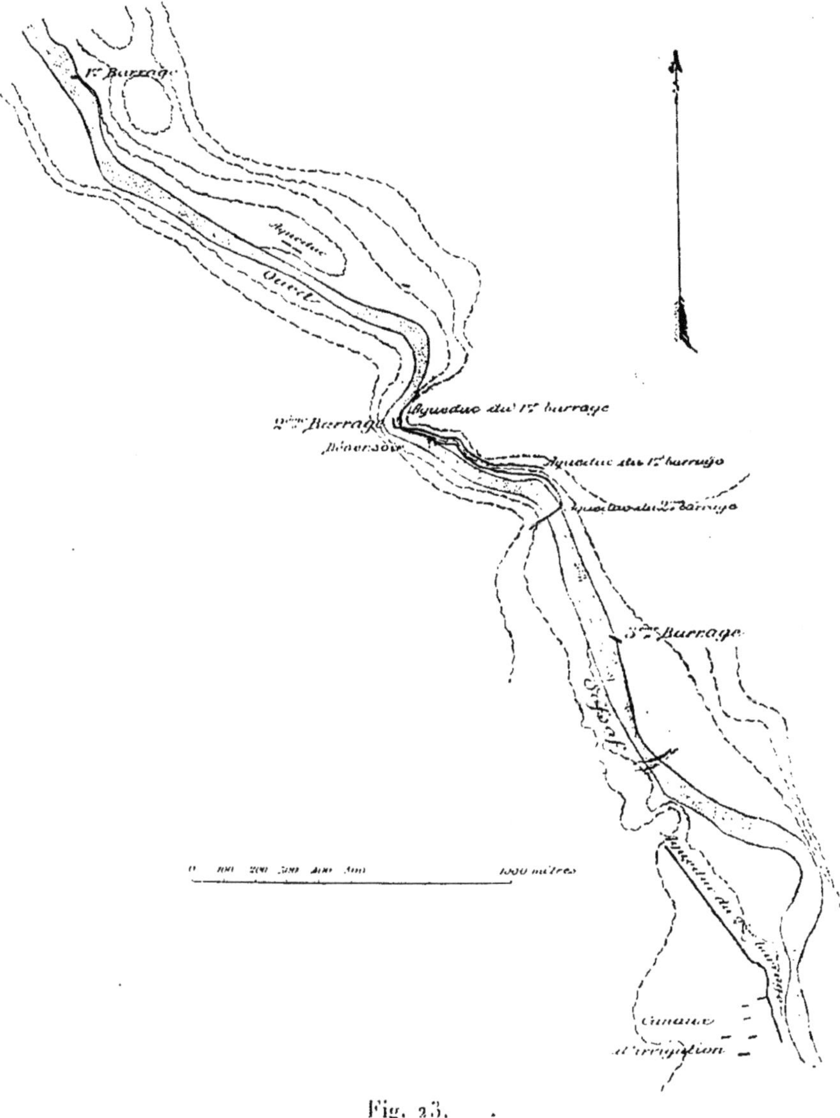

Fig. 23.

la vaste plaine d'El Arneb, passe à El Ma el Abiod et reçoit les nombreux affluents qui descendent des pentes du Bou Djellal, du djebel Drimia et du Foua.

Son bassin de réception est considérable et, lors des moindres orages, il roule une énorme quantité d'eau à travers le Khanguet Safsaf.

Voici comment cette eau a été recueillie jadis, et comment elle a été distribuée (fig. 23).

A 450 mètres au-dessus d'Oglat Safsaf, un épi en maçonnerie, dont on distingue encore des vestiges, avait été construit, barrant obliquement la moitié du lit de la rivière et faisant entrer l'eau qu'il retenait dans un canal maçonné, établi sur la rive gauche. Un peu plus loin, le canal traversait par une conduite souterraine une plaine alluvionnaire qui se trouve à hauteur d'Oglat Safsaf. Après avoir contourné un ravin qui l'éloignait de la rivière, il s'en rapprochait ensuite pour franchir sur un aqueduc de dix arches, accolé à une berge à pic, le point le plus resserré du défilé. Cet aqueduc, haut de 8 mètres, est d'un beau travail. Le canal continue ensuite sa route à flanc de coteau et va irriguer des terrains situés sur la rive gauche (en Tunisie).

A hauteur de l'aqueduc précité, se trouve un deuxième épi avec déversoir, dirigeant l'eau des crues dans un canal d'irrigation, situé 4 ou 5 mètres plus bas que le premier. Un second déversoir se trouve le long de ce canal à environ 30 mètres au-dessous de son point d'origine.

Après avoir circulé à flanc de coteau pendant environ 700 mètres parallèlement à la première conduite, ce canal traverse la rivière sur un pont dont quelques piles et une arche subsistent encore.

On en perd ensuite la trace, que l'on ne retrouve qu'à 1 kilomètre plus loin.

A partir de ce point, il suit une crête peu prononcée, au milieu d'une plaine assez étendue, et détache, sur sa droite et sur sa gauche, de petits canaux d'irrigation.

En suivant le cours de la rivière, on trouve encore, en amont d'une plaine basse formée par les alluvions de l'oued, un épi qui commande un petit canal, destiné à irriguer cette plaine. Il ne reste de cet ouvrage que des vestiges insignifiants.

En résumé, le Khanguet Safsaf renferme deux barrages importants, ayant pour but de diriger l'eau des crues sur les terres propres à la culture qui se trouvent au débouché en plaine du défilé.

A sa sortie, un troisième ouvrage servait à irriguer une petite plaine alluvionnaire, couverte lors des très grandes crues.

Le premier de ces travaux se trouve sur le territoire algérien, mais son aqueduc et les canaux de distribution de l'eau sont en Tunisie.

Le deuxième barrage est situé en Tunisie, mais, après avoir traversé la rivière, l'aqueduc qui y prend naissance entre sur le territoire algérien, sur lequel se trouvent les terrains qu'il irriguait.

Le troisième barrage et le terrain sur lequel il dirigeait l'eau des crues sont en Tunisie.

Le seul de ces barrages dont la reconstruction pourrait intéresser le territoire du cercle est le second.

Les travaux à exécuter seraient infiniment moins considérables que ceux qu'exigerait la restauration du premier barrage et de son aqueduc, mais la dépense que nécessiterait la construction du barrage, d'un aqueduc traversant la rivière, et d'une conduite maçonnée de 2,500 mètres de long serait, au prix actuel de la main-d'œuvre, hors de proportion avec le profit que l'on en retirerait par l'irrigation éventuelle, en cas de crues importantes, d'une superficie d'environ 30 hectares.

XXXIV

VALLÉE DE L'OUED DJEDI.

[M. le lieutenant Juillet a cherché en vain des travaux hydrauliques anciens dans la vallée de l'oued Djedi, en amont de Sidi Khaled et jusqu'à la limite séparant la division de Constantine de la division d'Alger. De son rapport nous extrayons ce passage :]

« Si, en aval des oasis de Sidi Khaled et des Oulad Djellal, particulièrement entre cette dernière oasis et celle de Lioua, on trouve des ruines indiquant d'une façon certaine que cette région a été autrefois occupée par les Romains, on ne rencontre plus au delà de Sidi Khaled aucune ruine, jusqu'à la limite de la division d'Alger. On est donc en droit de penser que les Romains n'ont pas occupé la vallée de l'oued Djedi en amont de Sidi Khaled.

« La configuration du sol, la nature rocheuse de la vallée du fleuve, son aridité dans cette partie de son cours sont peut-être suffisantes à elles seules pour expliquer cette abstention. »

XXXV

RECONNAISSANCE DES RIVES DE L'OUED DJEDI, DE SIDI KHALED À LIOUA.

RAPPORT DE M. LE LIEUTENANT VERDIER.

Observations générales. De Sidi Khaled à Lioua (fig. 24), l'oued Djedi a une direction générale du sud-ouest au nord-est. Cet oued, qui atteint parfois une largeur de 800 mètres et dont la vallée a une largeur moyenne de 3 kilomètres, a un lit sablonneux, semé de cailloux.

Pendant l'été, l'eau s'infiltre sous terre, coule à une profondeur de 0 m. 50 à 1 mètre et reparaît à certains endroits.

La rive droite de l'oued est bordée par une suite de hauteurs, tandis que, sur la rive gauche, les hauteurs sont insignifiantes et se trouvent à une distance moyenne de 1,500 mètres de l'oued Djedi. Dans la vallée, on remarque çà et là des champs cultivés par les indigènes. Des oasis, avec leur teinte vert sombre, brisent la monotonie des longues lignes.

De nombreuses ruines situées sur la rive gauche prouvent que la vallée de l'oued Djedi a dû être très peuplée.

La présente étude est divisée en deux parties : la première comprend les ouvrages qui ont servi à l'aménagement des eaux courantes et particulièrement de l'eau agricole; la deuxième partie traite plus spécialement des ouvrages se rapportant à l'eau d'alimentation.

Ouvrages ayant servi à l'aménagement des eaux courantes. — Dans les ravins qui aboutissent à l'oued Djedi, de Sidi Khaled aux Oulad Djellal, on ne remarque pas de travaux anciens méritant une étude approfondie. La plupart de ces ravins sont aménagés en gradins au moyen de minuscules barrages en pierres sèches, de construction récente; cependant nous avons pu constater que quelques-uns étaient faits, en partie, avec des matériaux anciens (morceaux de béton surtout).

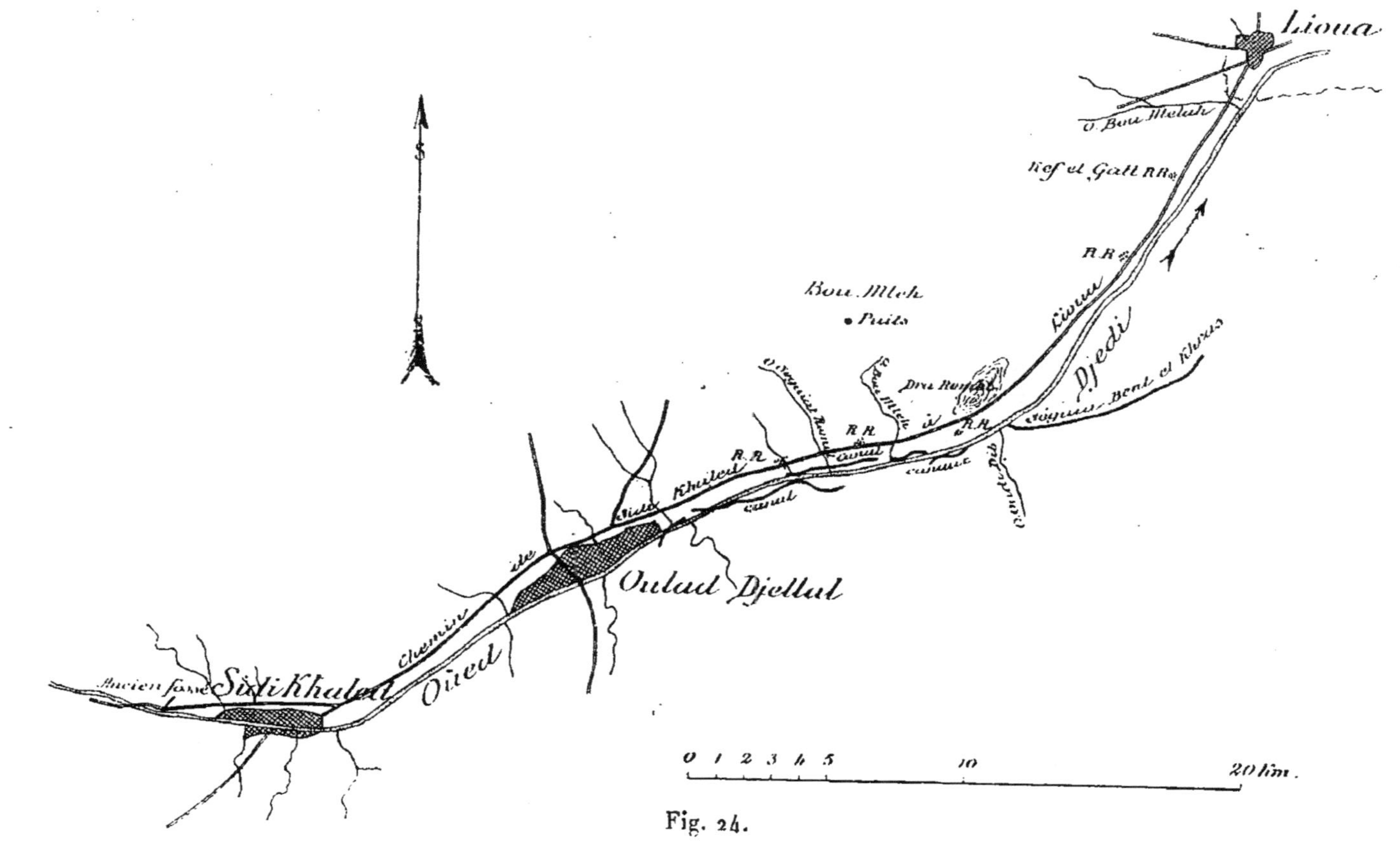

Lioua
Djedi
Bou Mlch
Puits
Oulad Djellal
Oued
Chemin
R.R.
canal
0 1 2 3 4 5 10 20 km.

Fig. 24.

A 2 kilomètres en amont de Sidi Khaled et à l'endroit où le chemin de Laghouat touche presque la rive gauche de l'oued Djedi, se trouve un fossé, long de près de 800 mètres, large de 1 m. 50 environ et d'une profondeur moyenne de 0 m. 50. On n'a pas relevé d'anciens matériaux le long de ce fossé. Il devait servir à l'irrigation des terres voisines.

D'autre part, on remarque sur les flancs des collines, au nord de Sidi Khaled, des barrages-séguias, de construction récente, retenant les eaux des pluies et les amenant à l'intérieur de l'oasis.

Malgré nos recherches, nous n'avons relevé aucun vestige de travail romain sur la rive droite de l'oued Djedi à la hauteur de Sidi Khaled.

Aux environs des Oulad Djellal, les aménagements des eaux sont de date récente; ils consistent, comme à Sidi Khaled, en barrages-séguias qui amènent l'eau à l'intérieur de l'oasis.

Si nous descendons l'oued Djedi, nous trouvons, à 5 kilomètres de l'extrémité nord-est de l'oasis des Oulad Djellal, les vestiges d'un village romain.

Nous y avons recueilli une pièce de monnaie en bronze qui paraît dater du règne de Philippe.

Ces ruines sont placées sur les rives d'un affluent de gauche de l'oued.

Au nord-ouest, et à environ 100 mètres de ces ruines, on remarque un amas de blocs de béton placés perpendiculairement au cours de cet affluent. Ils formaient peut-être (nous n'affirmons rien) un barrage destiné à distribuer l'eau dans les jardins environnant le village ancien.

Après ces ruines et sur la rive gauche de l'oued Djedi se trouve une bande de terrain longue de plusieurs kilomètres et large de 1,500 mètres environ; la vallée est couverte d'arbustes et d'herbe aux endroits humides; ce qui prouve qu'elle serait très fertile si elle était irriguée d'une façon bien comprise. La nappe d'eau ne paraît pas devoir être à une grande profondeur. On pourrait peut-être combiner le système des puits avec celui des barrages sur l'oued Djedi.

A 5 kilomètres environ au nord du confluent de l'oued Séguiat Rmel et de l'oued Djedi se trouve la plaine de Bou Mleh, traversée et fertilisée par l'oued Bou Mleh et fermée au sud par une suite de collines formant une demi-circonférence.

Le terrain s'abaisse légèrement du pied des collines au centre de la demi-circonférence et, sur le versant sud-ouest de ces pentes, se trouve un mamelon haut d'environ 3 mètres. On y remarque les vestiges d'un puits romain.

Après un déblaiement, nous avons découvert un canal partant du puits et se dirigeant vers le fond de la vallée. Il est formé de pierres juxtaposées et de chaux. Le puits a 4 m. 15 de diamètre total (maçonnerie comprise) et 2 m. 15 d'ouverture. Les traces du canal ont été relevées sur une longueur de 19 m. 50. Il mesure 0 m. 18 de large et 0 m. 25 de profondeur. Il était certainement destiné à irriguer les pentes est du mamelon jusque dans le fond de la vallée.

En faisant des recherches très minutieuses et en procédant à des fouilles, on découvrirait peut-être d'autres puits avec canaux d'irrigation dans la plaine de Bou Mleh.

Sur les rives de l'oued Djedi, depuis l'oasis des Oulad Djellal jusqu'au confluent de l'oued Oudi Dib, se trouvent de nombreux canaux d'irrigation. Ils ont une largeur moyenne de 0 m. 60 et 0 m. 40 de profondeur; ils sont d'ailleurs d'une construction récente et ne présentent aucun caractère de solidité.

2° **Ouvrages se rapportant à l'eau d'alimentation.** — A mi-chemin entre le confluent de l'oued Séguiat Rmel et celui de l'oued Bou Mleh, se trouvent les ruines d'une ferme, près desquelles on remarque une petite citerne, presque comblée. Elle a une profondeur de 1 mètre; l'ouverture affecte la forme d'un carré, aux angles arrondis, de 1 m. 50 de côté.

Si nous continuons à descendre l'oued Djedi, nous rencontrons sur la rive gauche, à 2 kilomètres en amont du confluent de l'oued Oudi Dib, les ruines d'une maison ayant la forme d'un carré dont le côté est de 20 mètres. Auprès, on voit cinq pierres rectangulaires, d'une longueur de 1 m. 55 et d'une largeur de 0 m. 60; elles sont creusées à une profondeur de 0 m. 25. C'étaient sans doute des abreuvoirs.

Nous avons décrit, dans la première partie de cette notice, le puits romain de Bou Mleh; il devait servir non seulement à l'irrigation, mais encore à l'alimentation; on remarque, en effet, à 50 mètres de cet endroit, les ruines d'une ferme.

A 5 kilomètres environ au nord-est de Bou Mleh se trouve un

puits romain, déblayé en partie par les Arabes. Il a, à sa partie supérieure, un diamètre de 5 m. 60 (maçonnerie comprise). Il affecte d'abord la forme d'un tronc de cône, puis celle d'un cylindre. Sa profondeur totale est de 6 m. 40.

Nous n'avons pas relevé de traces de séguias partant du puits; celui-ci devait donc être destiné spécialement à l'alimentation. D'après les indigènes, il y avait en ce point trois auges romaines, qui ont été détruites lors du déblaiement.

Sur la rive gauche de l'oued Djedi et à 3 kilomètres en amont de l'endroit appelé Kef el Gatt existent les vestiges d'un village, près desquels on remarque un puits comblé, dont le diamètre est de 1 m. 20. Deux pierres circulaires qui gisent auprès ont dû former la margelle.

A 100 mètres plus à l'est, on voit une citerne ou un puits comblé dont le diamètre est de 1 m. 50. La margelle, construite en moellons, a une hauteur de 1 mètre.

Près de la route qui conduit des Oulad Djellal à Lioua et à 3 kilomètres en amont du confluent de l'oued Bou Melah apparaissent les vestiges d'un autre puits. La hauteur de la maçonnerie (en partie détruite) est de 0 m. 95, le diamètre de l'ouverture de 1 m. 10.

Conclusion. — Les nombreux vestiges de villages situés sur la rive gauche de l'oued Djedi et les ruines de travaux hydrauliques que l'on y rencontre prouvent que l'occupation romaine était assez forte dans cette région.

La restauration des travaux hydrauliques exécutés par les anciens ou la construction d'ouvrages nouveaux serait relativement chose facile; presque tous les matériaux sont sur place, et, d'autre part, la main-d'œuvre pourrait être fournie :

1° Par les indigènes;

2° Par les hommes des compagnies de discipline;

3° Enfin par les hommes des ateliers des travaux publics.

En résumé, grâce à un système d'irrigation artificielle bien compris, la vallée de l'oued Djedi et les parties environnantes deviendraient bientôt, nous en sommes convaincu, une fertile contrée.

NOTE COMPLÉMENTAIRE AU RAPPORT PRÉCÉDENT, PAR M. LE LIEUTENANT VERDIER.

A 5 kilom. 500 au sud-sud-est de Lioua et à 4 kilomètres de l'oued Djedi, se voit une longue bande de pierres paraissant s'étendre de l'ouest à l'est, et parallèlement au cours de l'oued Djedi. Cette bande, appelée par les indigènes séguia *Bent el Khras* (fig. 25), est, croyons-nous, un ancien canal d'irrigation construit par les Romains; nous avons constaté, en effet, à certains endroits.

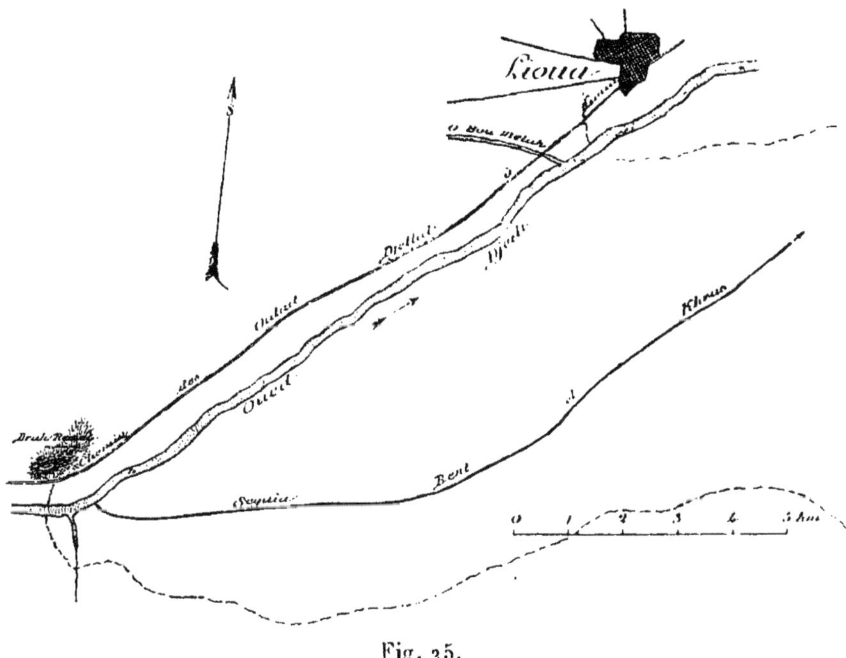

Fig. 25.

que le milieu formait une légère dépression, et d'autre part, nous avons remarqué, le long de la séguia, de grosses pierres travaillées, semblables à celles que l'on trouve dans les nombreuses ruines romaines situées sur la rive gauche de l'oued Djedi.

Pourtant, la légende attribue la construction de cette séguia aux Arabes :

« A une époque fort reculée, raconte cette légende, les Arabes étaient commandés par une femme nommée Bent El Khras; celle-ci avait dû souvent lutter contre ses sujets qui ne voulaient pas reconnaître la souveraineté d'une femme.

« Pour leur être agréable, et aussi pour rehausser son prestige, Bent el Khras fit construire une immense séguia jusqu'à la Mecque, afin que les pèlerins pussent avoir toujours de l'eau à leur disposition ».

Il n'y a naturellement aucun compte à tenir d'une telle fable.

La séguia Bent el Khras présente ordinairement un dos d'âne, qui a une largeur moyenne de 4 mètres, et qui s'affaisse parfois insensiblement, pour former une légère dépression vers le centre. Malgré les fouilles que nous avons faites, il nous a été impossible de déterminer la coupe que devait avoir la séguia; le tout est bouleversé et forme un amas de pierres et de sable.

Néanmoins, cette séguia est parfaitement marquée, et on peut facilement la suivre. En partant du sud-sud-est de Lioua, à 4 kilomètres de l'oued Djedi, et en se dirigeant en amont, la séguia a une direction nord-est-sud-ouest pendant environ 3 kilomètres; elle s'incline ensuite un peu plus vers le sud, disparaît parfois sur une assez grande longueur, reprend la direction du sud-ouest et se rapproche de l'oued Djedi.

A l'inspection du terrain, on devine facilement quelle pouvait être l'importance de la séguia au point de vue de l'irrigation. En effet, elle traverse une plaine large de 4 à 5 kilomètres, s'étendant fort loin, au nord-est comme au sud-ouest, jusqu'à la hauteur de Drah Remel, point situé à 16 kilomètres environ en amont de Lioua.

Cette immense étendue de terrain, qui atteint une superficie de plus de 15,000 hectares, est faiblement ondulée; elle a une pente générale suivant la direction de l'oued Djedi, et s'incline aussi, mais faiblement, du sud au nord : elle pouvait être facilement irriguée par les eaux de la séguia.

Comme nous l'avons dit plus haut, la séguia est entièrement bouleversée, et on n'y constate pas de vestiges de restauration.

Arrivée à hauteur de Drah Remel elle forme une courbe prononcée, se dirige vers l'oued Djedi, et s'arrête à environ 30 mètres de la rive droite. A cet endroit, l'oued, qui avait d'abord une direction ouest-est, s'incline vers le nord-est, par suite de l'existence d'un éperon d'une hauteur de 10 mètres, s'avançant vers la rivière et formant un barrage naturel. Les deux rives sont éloignées de 200 mètres et les hauteurs sont distantes de 700 à 800 mètres.

A notre avis, la séguia devait commencer en ce lieu, pour les raisons suivantes :

1° Perpendiculairement à la direction générale de la séguia, et à l'ouest du point où celle-ci se dirige vers l'oued Djedi, se trouve un ravin presque à pic, d'une profondeur de 7 à 8 mètres. Si la séguia s'était prolongée au delà du ravin, nous aurions eu des chances de remarquer les vestiges d'un aqueduc; or on ne constate aucune trace de travaux sur ce ravin.

2° Le cours de la séguia est barré au sud-ouest par une hauteur sur laquelle nous n'avons constaté aucune tranchée.

3° Enfin, malgré nos recherches, nous n'avons pu relever de traces de la séguia à l'ouest du ravin mentionné plus haut.

Ajoutons qu'au dire des indigènes cette séguia ne se prolonge pas au delà de Drah Remel.

Il devait donc bien exister, à hauteur de l'éperon s'avançant vers la rivière, un barrage destiné à alimenter la séguia, barrage dont on ne voit plus de traces. On remarque cependant, à l'extrémité de l'éperon, de gros blocs irréguliers.

Il faut avouer, d'autre part, qu'en tenant compte de la disposition du terrain, de la hauteur de la séguia au-dessus de la rivière (10 mètres), enfin de la distance qui sépare les hauteurs situées sur les deux rives, on est obligé d'attribuer à ce barrage des dimensions gigantesques. Néanmoins, on comprend la nécessité d'un ouvrage aussi important pour irriguer la plaine immense traversée par la séguia. Le travail persistant des eaux l'aurait détruit.

XXXVI

RECONNAISSANCE DES RIVES DE L'OUED DJEDI ENTRE LIOUA ET L'ESTUAIRE.

RAPPORT DE M. LE LIEUTENANT DINAUX.

1° **Itinéraire suivi. Parties reconnues.** — Entre Lioua et l'estuaire, l'oued Djedi se développe sur une longueur de plus de 50 kilomètres et coule dans une direction générale O.-E.

Le capitaine Ragot, dans un ouvrage publié en 1874 (*Le Sahara de la province de Constantine*)[1], mentionne une immense séguia, qui, d'après le dire des Arabes, se détacherait de l'oued Djedi près de l'oasis des Ouled Djellal[2], et irait se jeter dans le chott Melrir, après avoir traversé le désert de Mokrane.

Cette séguia, connue sous le nom de Bent el Khras, est en outre repérée, à 5 kilomètres sud de l'oued Djedi, sur une minute de géodésie établie en 1879 par M. le colonel Parisot, alors capitaine d'état-major. Il n'y avait donc aucun doute à concevoir sur son existence; il fallait seulement préciser les indications de nos devanciers.

Dans la reconnaissance que nous avons faite, la séguia Bent el Khras a été étudiée dans toute sa longueur; la rive gauche de l'oued Djedi, qu'une tournée antérieure nous avait permis de parcourir entre Oumach et Saàda, l'a été dans la partie restante. Quant à la rive droite, elle n'a pu être parcourue que sur certains points, et le terrain compris entre cette rive et la séguia Bent el Khras a été traversé absolument au hasard, aucune ruine apparente, aucun accident du sol ne venant attirer spécialement l'attention.

La reconnaissance s'est arrêtée à l'estuaire de l'oued Djedi, à 6 kilomètres au sud-est de Saàda (voir la carte fig. 26).

2° **Description du cours de l'oued Djedi.** — Dans son parcours entre Lioua et Saàda, l'oued Djedi décrit une boucle à convexité tournée vers le nord. Le terrain qui, à première vue, paraît uniforme, présente cependant deux plateaux d'altitude peu élevée au-dessus de la plaine environnante :

1° L'un, dont la ligne de faîte se maintient à 6 ou 7 kilomètres environ au sud de l'oued Djedi, est compris dans la grande boucle dont nous avons parlé; ses pentes descendent insensiblement vers le nord jusqu'à la rive même de l'oued, qui se trouve ainsi d'une façon générale en surélévation sur la rive opposée. A l'est, le plateau se prolonge jusqu'à hauteur de Saàda, pour s'abaisser subitement dans le thalweg où coule l'oued Djedi à partir de ce point : c'est la région connue sous le nom de désert de Mokrane.

2° Au nord, le plateau d'Oumach, qui porte l'oasis de ce nom.

[1] *Recueil de la Société archéologique de Constantine*, XVI, 1873-1874, p. 290, n. 1.

[2] Voir notice précédente.

Liona
Makhadma
Sahira
Ourellal
Ben
Thious
Mlili
Oued
Oumach
el Melaga
Djedi
Sâada
Oued
Biskra
Canal
Barrage
Puits
Seguia
Khrès
A
B
C
D
E
F
G
H
I
M
S
O. Bou Mehdi
0 1 2 3 4 5 10 20 km

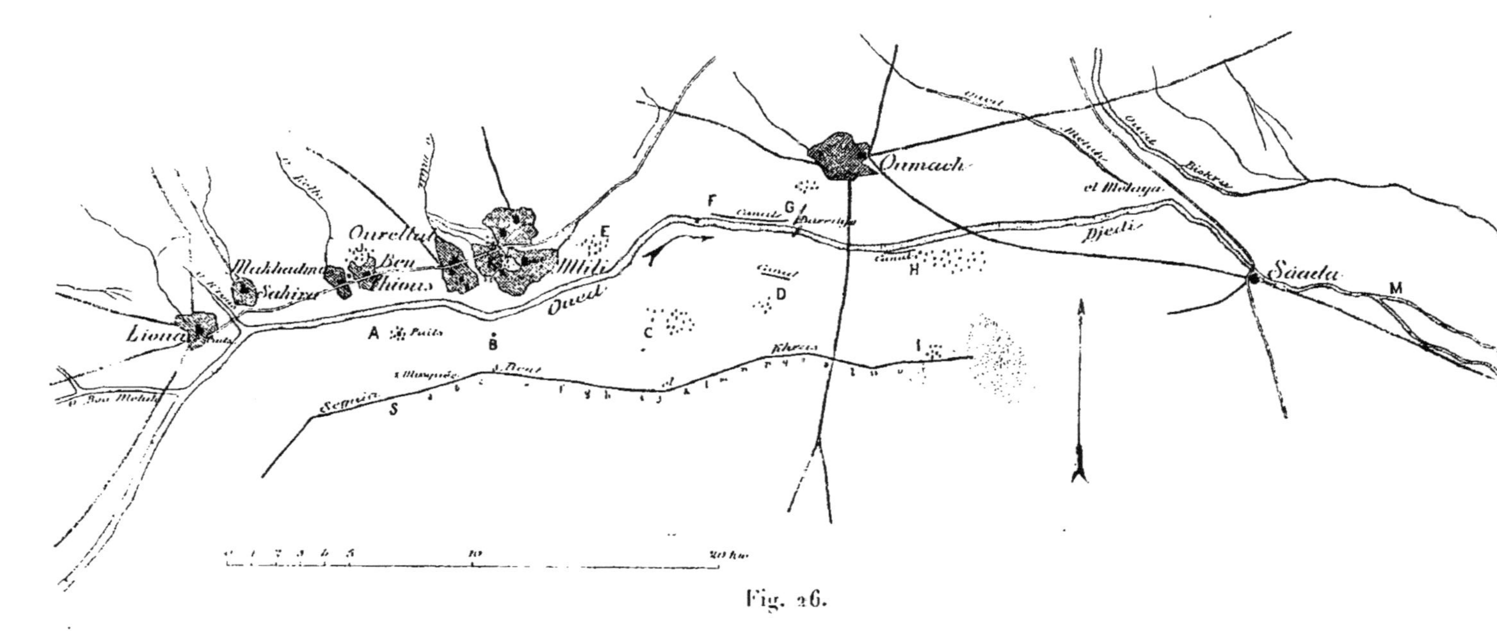

Fig. 26.

et s'étend au sud d'elle, se relie insensiblement à l'ouest avec la plaine de Mlili, et va se terminer à l'est dans le Melaga, bas-fond où se donnent rendez-vous, en temps de crue, les eaux de l'oued Djedi, celles de l'oued Biskra et de l'oued Melah.

Le Melaga se prolonge jusqu'à peu de distance du bordj de Saàda, point à partir duquel la rive gauche ne présente plus aucun accident de terrain apparent.

Dans ce parcours, l'oued Djedi a une largeur moyenne d'environ 400 mètres; ses berges sont fort ravinées, et sur certains points leur escarpement n'atteint pas moins de 5 mètres.

Au sud de Ben Thious, le lit, très large, présente de vraies dunes de sable et renferme, adossés à la rive droite, des jardins bien entretenus et des puits donnant de l'eau potable à 4 mètres au-dessous du niveau du lit de l'oued.

Entre Ben Thious et Mlili, et surtout en aval de cette dernière oasis, l'eau se montre dans le lit de l'oued; mais sa mauvaise qualité, les détritus qu'elle renferme et l'état de stagnance qu'elle présente nous la font attribuer plutôt aux infiltrations et au trop-plein de l'oued Kelbi et de l'oued Mlili qu'à une réapparition du cours souterrain constaté à Lioua.

Au sud de Mlili, le lit de l'oued, jusque-là formé de sable et de cailloux roulés, est constitué par des rochers et de volumineux blocs de pierre, creusés par un long passage des eaux et présentant des grottes d'un effet fort pittoresque.

Entre Mlili et Oumach, le ravinement des berges diminue, le lit se resserre peu à peu et présente encore un mince filet d'eau stagnante, impropre à la boisson, et que les chaleurs de l'été doivent probablement faire évaporer.

Enfin, dans le Melaga, les berges de la rive droite restent nettement accentuées et surélevées, tandis que celles de la rive gauche s'abaissent de plus en plus, expliquant ainsi les inondations inévitables de cette région à la période des crues.

A 6 kilomètres S.-E. de Saàda commence l'estuaire; en ce point, l'oued Djedi occupe une largeur de plus de 1 kilomètre. Adossé à droite au plateau du désert de Mokrane, il peut librement s'étendre à gauche, et couvre de ses ramifications la vallée indéfinie dans laquelle coulent plus loin l'oued Biskra, l'oued Biraz, etc. D'un côté, l'irrigation était impossible, de l'autre elle eût été inutile; c'est donc à ce point M que notre reconnaissance devait s'arrêter.

En résumé, du ravinement des berges, de l'existence souterraine de l'eau, de la largeur du lit, du creusement des rochers, on doit déduire qu'autrefois coulait un grand fleuve dans le lit sablonneux que l'on appelle oued Djedi.

A droite et à gauche des berges, sauf en de très rares parties (dunes de Sahira au confluent de l'oued R'rous, dunes de Ben Thious), aussi loin que la vue peut s'étendre, l'œil découvre des plaines en pentes douces, constituées de terre arable, parsemées de débris de poterie, et offrant encore une teinte uniformément verte, malgré la saison avancée.

3° **Énumération des ruines, monuments; travaux relevés.** — Trois travaux importants au point de vue hydraulique feront l'objet plus loin d'une étude spéciale. Ce sont :

1° La séguia Bent el Khras, S-I de la carte (fig. 26);

2° Le groupe de barrages et de séguias compris sur la rive gauche, entre les points F et G;

3° La séguia située en H, sur la rive droite, au point dit Ceddid.

Nous nous bornerons, dans ce paragraphe, à énumérer les diverses ruines relevées, en donnant sur elles les indications sommaires pouvant servir de base à des recherches futures; notre principal objectif est en effet l'étude des travaux hydrauliques.

1° Dans le village de Lioua, les fondations de plusieurs maisons arabes sont constituées par des blocs de pierre équarris, dont les dimensions moyennes sont de 0 m. 80 sur 0 m. 40; ces blocs sont, soit simplement juxtaposés, soit reliés par du mortier d'une solidité et d'une dureté extraordinaires.

Dans l'école actuelle existe un puits romain parfaitement conservé, d'un diamètre d'environ 0 m. 80, d'une profondeur de 4 mètres, et de construction fort soignée; comme l'abreuvoir qui lui est contigu, il est fait en blocs de calcaire équarris.

2° Dans le village de Ben Thious existent de nombreuses assises de maisons, de construction semblable à celles de Lioua, et ne dépassant pas 1 m. 50 au-dessus du sol.

Une particularité digne de remarque indique avec certitude la destruction de ce village et sa reconstruction à une époque que l'on ne peut malheureusement préciser : une maison comporte, au milieu des pierres de dimensions très différentes qui forment sa base, des tronçons de colonnes, des chapiteaux, des inscriptions effacées, le tout assemblé d'une façon solide.

En outre, la mosquée comprend dans sa cour intérieure huit colonnes d'une hauteur moyenne de 2 mètres, formées de deux ou trois tronçons chacune, et terminées par des chapiteaux de types différents : la plupart se rapprochent de l'ordre toscan; un seul peut être attribué à l'ordre ionique.

Dans la même mosquée, signalons encore un bloc de grès, d'une épaisseur de 0 m. 20, taillé en forme de fenêtre et évidé intérieurement.

Au nord de Ben Thious, au point J de la carte, s'étendent, dans un rayon de 600 à 800 mètres, des mamelons artificiels, d'où émergent des pierres taillées, et où l'on relève en certains points des fondations de maisons; des levées de terres, parfaitement rectilignes et d'une longueur de 200 à 300 mètres, sembleraient indiquer l'emplacement d'un camp; on suit vaguement les traces d'une voie se dirigeant vers Ourellal, voie jalonnée encore par une borne milliaire dont les inscriptions sont complètement effacées.

3° Au S.-S.-E. de Ben-Thious, au point A de la carte, existent les ruines d'un puits.

Dans un rayon de 200 à 300 mètres, d'autres mamelons, des débris de poterie marquent l'emplacement d'une grande exploitation agricole ou d'un petit village, auquel le puits fournissait l'eau potable.

4° A 1 kilomètre au sud de l'oued Djedi, à hauteur de Mlili (point B de la carte), sont les ruines d'un *castrum* romain encore fort reconnaissable [1].

Cette forteresse comprend une enceinte extérieure de 300 mètres de côté, en remblai de 1 mètre à 1 m. 50; les fondations du mur d'enceinte, d'une largeur de 0 m. 60, révèlent l'existence de bastions et de portes.

Le corps de bâtiment occupe un carré de 50 mètres de côté. Les murs de la face nord, conservés sur une hauteur de plus de 1 mètre, sont construits en moellons irréguliers, d'apparence tufacée,

[1] Cf. AUDOLLENT, *Mélanges de l'École de Rome*, X, 1890, p. 575-586; CAGNAT, *L'armée romaine d'Afrique*, p. 590 et suiv.

La description de M. Audollent ne concorde pas entièrement avec celle de M. Dinaux. Ainsi, il dit que le camp est à 300 mètres de l'oued Djedi; qu'il mesure 175 mètres de long sur 150 mètres de large, etc.

et leur forme indique que toutes les chambres de cette façade étaient voûtées.

Des débris de poteries entourent de tous côtés les ruines de ce camp, séparées de l'oued Djedi par un terrain sablonneux et gypseux, impropre à la culture.

5° Entre Mlili et Ourellal, au point K, ruines semblables à celles de Ben Thious; nombreux mamelons artificiels, pierres taillées, fragments de colonnes, etc., indiquant un centre romain.

6° A l'est et à environ 1 kilomètre de Mlili, en E, emplacement d'un village occupant un rayon de 800 mètres; des tronçons de colonnes, des pierres taillées, des débris de briques et de poteries vernissées, et, au centre du groupe, un mamelon portant des fondations circulaires de 3 mètres de diamètre, révèlent l'existence de monuments et d'une ville antique. Aucune trace de séguia ne peut être relevée, en raison de l'affouillement des berges de l'oued Djedi à hauteur de ce point.

7° Enfin, aux points C, D, G, H et I de la figure 26, de nouveaux emplacements de villages, semblables à ceux déjà décrits, présentent les particularités suivantes :

En C, les mamelons artificiels, les traces de ruines s'étendent dans un rayon de 1,500 mètres; ces mamelons, assez élevés, cachent certainement des monuments bien conservés. Au milieu d'eux une voie est parfaitement reconnaissable, pendant 400 ou 500 mètres, à une légère levée de terre et à une végétation de nuance spéciale qui forme une ligne droite semblant se diriger vers Mlili.

En D, à 2 kilomètres au sud de l'oued Djedi, et à quelques centaines de mètres au nord d'un village qui comprend un rayon de 500 à 600 mètres, existe une trace de séguia dont la paroi sud a été creusée dans un petit mamelon; il est difficile de se rendre compte si cette paroi représente les ruines d'un mur cimenté, ou si elle a été taillée dans les couches gypseuses qui constituent le mamelon. Ce qui est certain, c'est que la traînée de végétation spéciale, large d'environ 10 mètres, présente tous les caractères de celle qui marque la séguia Bent el Khras (voir plus loin). Le temps ne nous a point permis de suivre cette trace et d'en relever l'origine; son orientation semblerait indiquer qu'elle provient du barrage du point F que nous étudierons ci-après.

A 200 mètres au sud de cette séguia, et au centre d'un mamelon qui commande les ruines du village, deux enceintes concentriques, de 10 et de 30 mètres de côté, mais dont les fondations seules subsistent, indiquent peut-être l'emplacement d'un fortin, dont l'entrée est tournée vers l'ouest, c'est-à-dire vers Mlili.

En G, les ruines du village occupent un rayon d'environ 800 mètres, et présentent les mêmes caractères généraux que les précédentes.

En H, la ville s'étendait à partir de la séguia et du Ceddid dans la direction de l'est, sur une longueur de 1,200 à 1,500 mètres; les fondations, les pans de murs que l'on y remarque sont formés uniquement de briques blanches et rouges et de tuiles striées en grès jaunâtre; les débris de poteries paraissent plus fins qu'ailleurs. Un bloc de pierre équarri porte un reste d'inscription presque effacée, n'ayant donné aucun résultat à l'estampage.

Nous reviendrons plus loin (au paragraphe 8) sur les caractères généraux de ces ruines, dont l'indication était nécessaire pour rechercher le but des séguias et des barrages qui font l'objet des paragraphes suivants.

4° **Séguia Bent el Khras.** — Ainsi que nous l'avons dit plus haut, la séguia Bent el Khras, qu'une indication du capitaine Ragot nous a engagé à rechercher, s'étend au sud de l'oued Djedi à une distance moyenne de 5 kilomètres de la rive droite.

A première vue, rien ne vient révéler son existence, et dans une pointe poussée droit au sud de Lioua, il nous est arrivé de la traverser et de la dépasser sans nous en rendre compte.

Le temps a fait son œuvre, et il faut un examen attentif du terrain pour reconstituer, d'après les quelques ruines restantes, ce qui fut le plus beau travail de la colonisation romaine dans le désert.

Deux choses nous ont permis cependant de la suivre dans toute sa longueur; une dénivellation du sol très nettement marquée, surtout sur la paroi nord de la séguia, et une bande de végétation de nuance spéciale, formant une immense traînée, et témoignant, après plus de quinze siècles, du passage des eaux et de la constitution différente du terrain.

Cette séguia, que nous avons repérée à la boussole en divers points, occupe presque la ligne de faîte du plateau signalé au sud de l'oued Djedi; elle traverse des terrains constitués de terre arable, inclinés en pente douce vers l'oued et parsemés çà et là de petits mamelons.

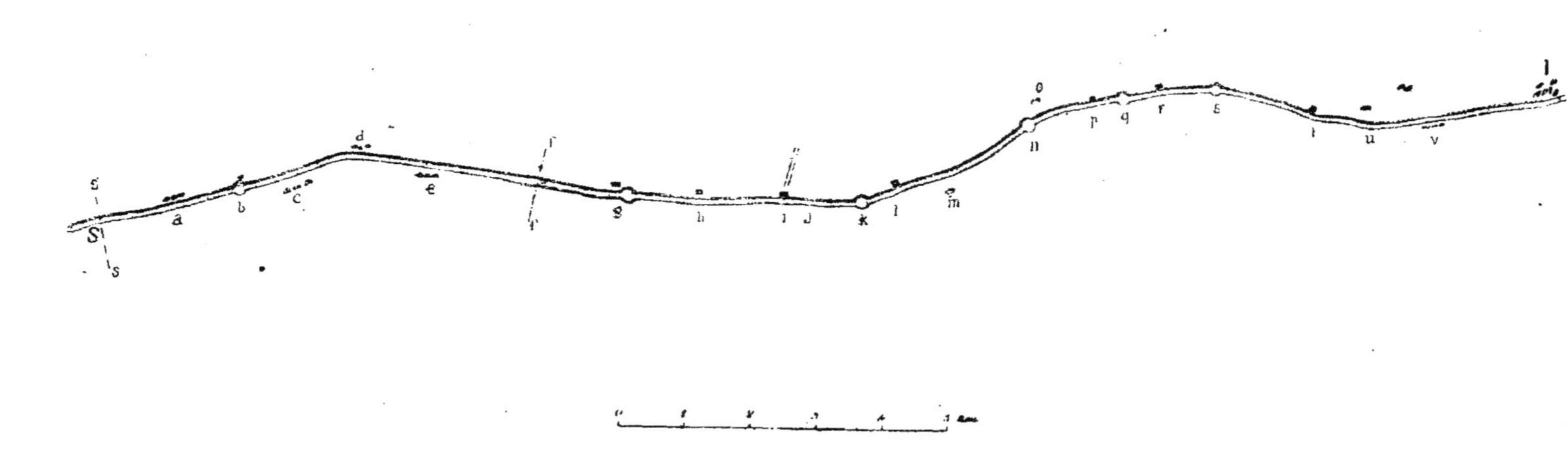

Profil suivant SS

Echelle des profils
0 2 4 8 16 m

Profil suivant JJ

Fig. 27.

qui offrent l'aspect de hammadas et de gisements gypseux. Voir le plan détaillé et les deux profils donnés à la figure 27.

Dans la partie située au sud de Mlili, le talus nord a une élévation variant de 1 mètre à 1 m. 50; il est formé d'une succession de petits monticules, au milieu desquels se trouvent en abondance des moellons, des blocs de pierre gypseuse, non taillés, de 0 m. 20 à 0 m. 40, et des restes très apparents de mortier de chaux.

Au sud de cette dénivellation, dont la largeur moyenne ne dépasse point 12 pas, s'étend, sur une largeur d'environ 8 pas, la bande de végétation spéciale, indice de l'ancien canal; celui-ci est complètement ensablé et son niveau légèrement inférieur à la rive droite; cette dernière, qui ne dépasse pas le sol environnant, présente un alignement de pierres gypseuses irrégulières, où il est difficile de faire la part du travail de l'homme et de la constitution géologique du terrain.

On peut expliquer de trois façons différentes la construction de la séguia dans cette partie :

1° La séguia comprenait deux parois maçonnées et surélevées. Sous l'action des eaux pluviales coulant de la ligne de faîte du plateau, et sous celle des vents dominants du sud, la paroi de la rive droite s'est peu à peu désagrégée et a comblé le canal, tandis que la paroi opposée se morcelait et formait une série de petits monticules et de ravinements où les eaux trouvaient un libre passage.

Il semble cependant étrange, dans cette hypothèse, qu'en aucun point de la rive droite il ne reste trace de la paroi sur plus de 6 kilomètres de longueur.

2° La séguia n'était pas maçonnée; les terres résultant du creusement du canal au milieu d'un terrain gypseux ont été rejetées sur la rive gauche et donnent l'illusion de débris de maçonnerie.

A cela, deux objections : impossibilité d'une illusion aussi complète, malgré tout le désir de retrouver des traces de construction, et impossibilité qu'au milieu de terres parfaitement arables existe une bande de hammadas aussi régulière et aussi étroite.

3° La séguia était maçonnée et les terres avaient été rejetées sur la rive gauche qui, seule, se trouvait en surélévation, constituant une digue du côté de la pente du terrain, et un immense retranchement limitant les possessions romaines au sud de l'oued Djedi.

C'est cette solution que l'examen des lieux rend la plus vraisemblable.

A partir du point *f* (fig. 27), la séguia présente des alternatives de construction analogue à celle que nous venons de décrire et d'un autre système. Dans ce dernier cas, les deux parois sont nettement tracées, celle du sud étant cependant moins large et moins élevée. Aucun débris de maçonnerie n'est visible et les parois sembleraient plutôt constituées par un blocage de petits cailloux. Il est difficile d'être très affirmatif : les restes de la séguia sont beaucoup moins apparents à l'est de ce point et ils disparaissent de plus en plus, jusqu'au banc de sable voisin de I, à la sortie duquel toutes nos recherches sont restées infructueuses.

Près du bordj de Saâda, on retrouve les levées de terre et la bande de végétation caractéristique qui permettent d'affirmer qu'en ce point la séguia rejoignait l'oued Djedi; elle y est d'un profil semblable au profil SS' de la figure 27 et nous en avons vu la trace pendant environ 3 kilomètres; nous n'avons pu poursuivre plus loin la reconnaissance et il est probable d'ailleurs que la visite de la partie restante n'aurait apporté aucun appoint nouveau à nos découvertes.

Nous avons à signaler maintenant trois points dignes d'attirer l'attention, d'autant plus que leur répétition régulière le long de la séguia détruit toute part d'illusion et de hasard.

1° A des intervalles variables selon la disposition du terrain et près de la séguia (au nord comme au sud), existent des mamelons d'un diamètre moyen de 10 mètres, réunis le plus souvent par groupes de trois, à 100 mètres de distance. Ils commandent le terrain environnant et portent des amas de pierres, de moellons et de briques semblables à ceux relevés sur la séguia.

Faut-il y voir uniquement des restes de signaux, de ces phares du désert servant aux caravanes du sud à diriger leur marche, ou doit-on les considérer comme des points de repère ayant servi au tracé de la séguia, fait simultanément en de nombreux points?

Aucun indice ne permet de fixer les idées à ce sujet et de déterminer l'origine de ces *gours*.

2° Aux points *g, h, i, l, p, r, t* de la figure 27, à des intervalles réguliers le long de la séguia, existent sur la rive gauche de celle-ci, et immédiatement adossés au talus, des mamelons portant des fondations carrées de 3 mètres de côté.

Les murs, rasés à fleur du sol, ont une largeur moyenne de 0 m. 40 et leur construction est identique à celle de la séguia (pierres non équarries), quoique plus soignée.

Ces bâtiments servaient-ils de demeures à des gardiens de puits ou de ponts? Étaient-ils les points d'embranchement des séguias d'irrigation? Rien ne peut nous permettre de préciser.

Des débris de poteries analogues à ceux déjà signalés recouvrent littéralement la surface de ces mamelons.

3° En certains points, dont l'intervalle paraît encore assez régulier, la digue et la bande de végétation cessent brusquement pour reprendre à 150 mètres environ plus loin.

Nous avions pensé tout d'abord que les interruptions provenaient du passage des eaux pluviales, hypothèse que la forme du terrain pouvait justifier en certains endroits; mais leur fréquence, leur régularité et une circonférence assez nettement dessinée par une levée de terre nous font croire qu'en ces points existaient de grands réservoirs, de 100 à 150 mètres de diamètre, d'où se détachaient les séguias d'irrigation dont ils régularisaient le débit.

Là, plus qu'ailleurs encore, des fouilles méthodiques donneraient sans doute d'intéressants renseignements.

Enfin, remarquons que les séguias d'embranchement, servant à l'irrigation du terrain compris entre la séguia et l'oued Djedi, n'ont laissé aucune trace. Étaient-elles en terre, ou le régime des eaux influait-il assez sur le climat pour dispenser de l'irrigation? C'est ce que nous discuterons plus loin. En tout cas, il est évident que des séguias de construction semblable à celle de la séguia mère auraient laissé, comme celle-ci, des traces visibles.

En résumé, la séguia Bent el Khras existe réellement; venant de la direction des Ouled Djellal, elle s'étend de l'ouest à l'est et se maintient sensiblement parallèle à l'oued Djedi, qu'elle rejoint à Saâda. Placée près de la ligne de faîte d'un plateau dont les pentes descendent doucement vers l'oued Djedi et sont couvertes de ruines de villages et de fortins romains, elle est jalonnée par des *gours*, réunis par groupes de trois et placés sur les points culminants du terrain. Construite en maçonnerie, et présentant du côté nord une digue surélevée, elle offre, à des intervalles réguliers, des bâtiments carrés d'un modèle uniforme et des interruptions assimilables à des réservoirs circulaires de 150 mètres de diamètre. Elle ne détache aucune séguia d'irrigation visible.

Nous essaierons au paragraphe 8 de déterminer le rôle et l'utilité de cette séguia. Disons tout de suite que l'exécution méthodique de fouilles, pour lesquelles le temps matériel nous a manqué, ferait seule le jour sur les points que nous présentons comme de simples hypothèses.

5° **Barrage et séguia entre Mlili et Oumach.** — En longeant la rive gauche de l'oued Djedi, entre Mlili et Oumach, et à mi-distance entre ces deux oasis, on rencontre, au point F de la carte (fig. 26), deux mamelons blanchâtres, d'une étendue totale d'environ 200 mètres et d'une hauteur maxima de 3 mètres au-dessus du niveau de l'oued, dont les berges en ce point ne sont escarpées que sur la rive droite.

L'examen du terrain permet de reconnaître que ces deux mamelons n'en font en réalité qu'un, coupé en son milieu.

La coupure, large d'une dizaine de mètres, est indiquée par un mur. Ce mur, nettement visible dans toute sa hauteur de 2 m. 40, sur une longueur d'une vingtaine de mètres, est constitué à la base par de gros blocs de pierre de plus de 1 mètre, dont les dimensions diminuent progressivement pour se réduire au sommet à un simple blocage d'une solidité extraordinaire, composé de cailloux roulés et d'un mortier plus dur que la pierre. Le mur a une largeur moyenne de 0 m. 80, et l'on peut en suivre le tracé sur une longueur de 150 mètres, pendant laquelle l'arête supérieure, seule visible, présente les mêmes caractères de construction.

La partie supérieure d'un mur parallèle affleure le sol pendant quelques dizaines de mètres et présente une analogie frappante avec le mur dont nous venons de parler.

Entre ces deux murs, une trace de végétation spéciale rappelle exactement celle de la séguia Bent el Khras. Enfin, des débris de ciment, des blocs de pierre et de béton épars sur les pentes du mamelon du côté de la rivière, indiquent que la construction partait du bord même de l'oued Djedi.

Sans aucun doute, les mamelons sont d'origine naturelle : leur constitution avec de la terre rapportée eût été un travail gigantesque que rien ne justifiait, et, d'ailleurs, la direction nouvelle que prend l'oued à partir de ce point indique bien que de tout temps ils ont existé.

Les Romains, toujours ingénieux et habiles à profiter des ressources du pays, ne pouvaient manquer d'utiliser ce grand barrage naturel, plus résistant que les constructions les mieux établies; il leur a suffi d'y pratiquer une saignée prolongeant la direction primitive des eaux. Il est regrettable que la partie du canal comprise entre l'oued et les parois de séguia qui viennent d'être décrites ait aujourd'hui disparu.

En continuant à suivre l'oued, entre les points F et G, on relève à deux emplacements différents des traces de séguia, comprenant sur environ 10 mètres de longueur deux murs de construction analogue aux précédents et dont les fondations seules subsistent. En outre, la bande de végétation spéciale se retrouve encore, contourne un mamelon qui sépare la plaine des berges de la rive gauche et vient aboutir au point G, après avoir servi, il nous semble, de canal de dérivation, régulateur du cours de l'oued, et permis l'irrigation des plaines qui s'étendent au nord de la partie FG.

6° **Barrage et séguia au sud d'Oumach.** — Au point G existent des ruines de quatre espèces différentes :

1° Des traces de séguia, consistant en levées de terre, parsemées de pierres et de moellons avec du mortier, semblables à celles de la séguia Bent el Khras. On peut distinguer nettement quatre levées dont les deux centrales sont à une distance d'environ 10 pas; elles se dirigent en droite ligne, à travers le plateau d'Oumach, vers les ruines voisines de ce village.

2° A la suite d'une interruption de la séguia venant de l'ouest, une demi-circonférence d'un rayon de 20 mètres porte six fondations de murs, constituant deux par deux, soit des enceintes de maisons, soit des points de départ de séguias d'embranchement; il est difficile de préciser ce dernier point, le ravinement du terrain situé immédiatement à l'est de ces ruines ayant détruit tout autre indice.

3° Sur les deux rives de l'oued, on distingue les fondations ou plutôt les arêtes supérieures de murs ensablés et enterrés dans les berges.

Sur la rive gauche, le mur, dont la largeur dépasse 1 mètre et dont la longueur atteint 100 mètres, est construit en gros moellons et se recourbe sensiblement à son extrémité est.

Sur la rive droite, le mur, de 150 mètres de long et de 0 m. 80 de large, porte sur sa face sud trois murs de soutènement, le tout de même construction que le mur précédent.

4° Dans l'oued même, à la hauteur des constructions précédentes, sur un banc de sable protégé des eaux par des plantations de tamarins, apparaissent deux gros blocs d'environ 1 mètre cube, faits en une espèce de blocage de cailloux roulés et de mortier.

De l'ensemble de ces ruines, de l'orientation des pans de murs restants, il faut déduire qu'en ce point existait un barrage ou un pont, peut-être les deux. Les levées de terre représenteraient soit trois séguias devant se séparer plus loin pour l'irrigation du plateau et de la ville, soit une séguia côtoyée par deux chaussées, soit inversement une chaussée bordée de deux canaux.

Ces levées de terre, ainsi que nous l'avons déjà dit, se dirigent vers les ruines de la ville et, après une interruption que rien n'explique, on ne retrouve plus que la trace de la séguia ou de la voie centrale.

Quoi qu'il en soit, le point important que nous voulons établir ne paraît pas discutable; nous sommes réellement en présence d'un barrage et d'une ou de plusieurs séguias servant à l'alimentation en eau du plateau d'Oumach.

7° **Séguia du Ceddid.** — Bien que les ruines relevées au point H soient connues des Arabes sous le nom de Ceddid (c'est-à-dire barrage), il ne reste plus trace de barrage en ce point et nous n'y relevons que des débris de séguia :

1° Deux pans de murs, d'environ 20 mètres de longueur, 0 m. 60 d'épaisseur et 2 m. à 2 m. 50 de hauteur, formés de pierres non taillées de petites dimensions, réunies par du mortier;

2° Un escarpement revêtu d'une maçonnerie semblable et masquant, soit l'emplacement d'une maison, soit le corps mort d'un pont dont il ne reste plus trace.

La direction de la séguia est facilement déterminée par un nouveau pan de mur situé à 200 mètres plus à l'est. A 800 mètres environ de là, on retrouve, sur une longueur de 250 à 300 mètres, les fondations de deux murs, celui du nord pourvu de murs de soutènement, l'autre ne présentant plus que des vestiges irréguliers.

L'intervalle de 10 pas qui les sépare indique bien que l'on est en présence d'une séguia destinée à conduire les eaux au grand village situé en H; mais l'affouillement des berges et les alluvions déposées dans l'oued empêchent de retrouver l'origine de la séguia et le barrage qui l'alimentait.

8° **Conclusions.** — Des renseignements recueillis et signalés dans les paragraphes précédents, l'on peut tirer certaines déductions relatives à l'histoire du pays et au régime des eaux, déductions dans lesquelles l'imagination ne joue qu'un rôle fort secondaire.

1° La colonisation romaine, conformément aux données admises jusqu'à ce jour, n'a pas dépassé l'oued Djedi; sur la rive gauche seulement, l'on trouve de ces monuments durables, de ces constructions à grandes assises qui signalent le passage d'un peuple unique au monde par le grandiose de ses conceptions, l'habileté et la force de sa main-d'œuvre.

Si l'ouvrage du capitaine Ragot, qui a été notre guide, ne nous avait pas renseigné sur l'emplacement de Gemellae, la simple inspection du terrain nous aurait permis de reconnaître, dans les ruines de Mlili et celles situées à l'ouest de cette oasis, la position d'une grande station romaine, protégée à 2 kilomètres vers le sud par le camp de la rive droite et prolongeant ses faubourgs et ses villas jusqu'à Ben Thious.

Sous la protection de ce camp retranché, des villages gétules s'étaient peu à peu groupés autour des conquérants, occupant et fertilisant les belles plaines dont l'irrigation était assurée par les nombreux travaux hydrauliques mentionnés ci-dessus.

Cette population, avant tout agricole, avait édifié, en briques et en moellons, des fermes, des villages, de petites villes, que des fortins gardaient.

Les débris de poteries forment souvent une mosaïque de plusieurs kilomètres. Les restes de ces grandes amphores, dont les nomades se servaient pour leurs transports dans le sud, attestent un commerce actif, tandis que les débris d'une poterie vernie très fine nous montrent qu'un certain luxe avait pénétré dans ces contrées.

La séguia Bent el Khras était-elle destinée à régulariser le cours de l'oued, à faciliter les prises d'eau, à rendre possible l'irrigation, à retarder les crues, à éviter les pertes du fleuve et un cours souterrain? Était-elle un retranchement continu, mettant les possessions romaines à l'abri d'une invasion subite des nomades? A notre avis, elle remplissait tous ces rôles[1].

2° L'existence de la séguia Bent el Khras et des divers travaux hydrauliques signalés dans cette notice permet d'affirmer que le régime des eaux s'est considérablement modifié depuis l'époque romaine, et avec lui le climat des régions arrosées.

Trois solutions, en effet, peuvent être admises pour expliquer l'utilité de ces travaux :

a. Le cours de l'oued étant souterrain, comme il l'est actuellement, les barrages étaient enterrés et ramenaient l'eau à la surface.

b. Les barrages et les séguias étaient faits pour l'utilisation des eaux provenant des crues.

c. Ces ouvrages servaient à une irrigation normale, constante et régulière.

C'est assurément la troisième solution qui est la plus rationnelle; c'est la seule que justifie l'état actuel du lit de l'oued; c'est la seule encore qui explique les travaux considérables entrepris et surtout la densité de la population agricole qui s'était groupée autour d'eux.

Les témoignages de cette antique prospérité viennent corroborer encore ce que la description des berges de l'oued nous faisait énoncer au début de ce rapport (§ 2); l'oued Djedi était un fleuve important, dont l'influence sur le climat et sur le régime des eaux pluviales ne doit faire aucun doute[2].

Il a suffi de quelques siècles pour que l'invasion pastorale, le déboisement des montagnes, le dessèchement des chotts aient apporté la ruine et la sécheresse dans ces contrées autrefois si fertiles.

Notre reconnaissance de l'oued Djedi a été fort hâtive; nous avons dû, dans un pays où la nécessité de fouilles se fait sentir à tous les pas, nous borner à noter rapidement et au hasard des étapes les points dignes d'attention. Une étude entreprise dans ces conditions et avec des souvenirs fort vagues d'archéologie et d'histoire romaine ne peut donc avoir aucune portée scientifique et

[1] Nous croyons qu'elle était surtout, et peut-être exclusivement, un fossé défensif marquant la limite du territoire romain. S. G.

[2] Je serais à cet égard beaucoup moins affirmatif que M. Dinaux. S. G.

doit être considérée comme un simple carnet de renseignements où les archéologues, les ingénieurs sauront discerner les parties méritant des recherches et des fouilles méthodiques.

Qu'il nous soit toutefois permis de conclure que, toute question d'histoire et de curiosité mise à part, la reconstitution exacte des travaux hydrauliques de l'oued Djedi ne saurait avoir une utilité pratique réelle, en raison des modifications énormes que le tarissement de l'oued a apportées dans le climat et dans la valeur agricole des terres.

www.ingramcontent.com/pod-product-compliance
Ingram Content Group UK Ltd.
Pitfield, Milton Keynes, MK11 3LW, UK
UKHW022106190726
13855UKWH00002B/683